中国八万里

老潘走神州

［美］潘维廉（William N.Brown）著

前言

整个80年代，我一直是《中国建设》（现名为《今日中国》）杂志的忠实读者，借此了解中国扶贫战役的最新进展。我对杂志笔下的报道并不尽信，但心中仍对扶贫战役充满希望，因为中国的目标就算只实现一小部分，也能帮助好几亿人口摆脱贫困，或许还能激励其他国家效仿。

不知不觉，通过阅读来了解中国的变化已有10年，我不再满足于纸上的中国，决心亲自去看看。1988年，我携家眷来到厦门大学学习中文。我们从洛杉矶出发，换乘了3架飞机，在空中飞了约50个小时到达香港，之后又在船上待了18个小时，才终于抵达厦门。第一次踏上这片土地时，我们惊讶极了，这个与台湾岛隔海相望的经济特区道路竟然坑坑洼洼的，交通更谈不上便利。生活了一段时间后，我发现这里停水断电如同家常便饭，商店的货架经常空空如也。但人们活得积极乐观，因为他们觉得生活从未如当下这般美好，对未来也满怀信心。

学了两个月中文后，我就被请去教授为期一年的MBA课程。刘平主任表示："我们要打造中国排名前10的商科课程！"一开始，我不大情愿搁置中文学习，而且还是一整年，没想到我又教了第二年、第三年。转眼间，我已在讲台上站了34年。当然，总有一天我会重拾中文。

当年的我对中国的未来充满信心，但认为这场变革大约还要历时五六十年，换言之，我们现在的努力无非是"前人栽树，后人乘凉"罢了。毕竟，在那个时候，我花了450美元，等了3年时间才装上一部固定电话。2021年，厦门已经崛起，地区生产总值（GDP）首次突破7000亿元，而这放在30年前，基本无人敢想。

我并不是从枯燥乏味的数据去窥探中国梦的实现情况，而是从整个国家人民生活的点滴改变中去见证奇迹的发生。

1989年1月，我第一次到农村去观察农民和渔民的生活，那里距离厦门不过50英里，却让人感觉仿佛连时光也倒退了50年。我一路体验了好几种交通工具，有公共汽车、载客摩托车、农用拖拉机和自行车，接着又徒步穿过稻田，沿着山间小路上上下下。农村的贫困我早有所料，令我惊讶的是村里人的乐观开朗不输城里人。他们待人和善，热情好客。

我在村中逗留了两日，借住的农民家并不富裕，他们提供的饭食却颇为丰盛，让我十分惊讶。几个月后我才知晓，为了招待我这个陌生人，他们把本打算留在春节（两周后）吃的美食都拿出来了。这怎能教我不喜欢上福建和福建人民！

后来我写了不少文章，讲述中国城市和农村的变化，却有外国人反驳我："中国只有沿海地区在发展，内陆还是老样子！""你怎么知道？"我问道，"你从来没去过。""没错，"他们承认，"但你不也没去过！"

他们说得有道理。于是，1993年，我买了一辆15座的面包车，经过一番改造后，开始在那年夏天探索中国的东南地区，总行程约两万公里。那是一次艰苦的自驾之旅，但顺利归来给了我们勇气，让我们

前言

把目光投向西藏。1994年夏天，我们从厦门出发，一路向北开到内蒙古，向西穿过戈壁滩到达青海，爬上5231米高的唐古拉山隘口进入西藏，出藏后驶经华南地区回到厦门，总行程约四万公里。

当时，即使走的是大段的国道，路况也十分糟糕，不是泥土就是碎石。在四川，恰逢一场大雨把国道的部分路面冲下悬崖，害我们受困整整3天。在那样的偏远地区，农民们披星戴月，在田间从早忙活到晚，才能收获一丁点作物，而要将蔬菜瓜果拉到市场去卖，需要经过陡峭的山路，它们往往还没来得及运到市场，就烂在路上了。但偏远地区的人们也很乐观，因为中国已经在大力投资农村基础设施建设，改善农村的医疗和教育。

中国很早就认识到，单靠经济发展不足以消除贫困，因为财富如涓涓细流，没那么容易"滴落"到穷人身上。尽管初期的援助十分必要，但长此以往，会让人们养成依赖性，导致"精神贫困"。因此，中国的目标是为最偏远地区的人民提供基础设施和支持，培养他们自力更生的能力，从而摆脱贫困。"要想富，先修路。"

中国之所以能取得脱贫攻坚战的胜利，秘诀很可能是这场战役既是自上而下的，也是自下而上的。邓小平说过："先富带动后富。"这让成千上万的中国人为之振奋，他们自愿投身脱贫战役，深入最贫困的地区，帮助人们了解时局，抓住新的机遇。

结束四万公里的自驾之行后，我不再怀疑中国能兑现许下的承诺，即，到新中国成立70年之际，消除绝对贫困。但当2013年，习近平主席亲口告诉湖南的苗族村民，他相信中国可以在2020年消除绝对贫困时，我仍感到震惊不已。

我想，世上再也没有人比习近平更了解这背后的挑战。1988年夏，年轻的习近平从厦门调到福建宁德任职，这是全国18个贫困区之一。看到宁德贫困落后的面貌，习近平十分揪心，他将反映宁德情况的录像带寄到北京，里面讲述了夫妻俩穷得两人穿一条裤子等令人潸然泪下的故事。

习近平走遍宁德的广大乡村，亲自与农民交谈，讨论问题和解决办法，甚至与农民一起下地干活。他对待扶贫工作一丝不苟，也毫不留情地批评不干实事的人。他看到政府部门表彰的工作与改善人民生活毫无关系，便如此写道：

"悬挂这么多获奖横幅，却没有一条与经济发展有关，无法给人深刻印象。委婉地说，这体现了努力工作，但不是提供真正的服务。工作不分主次，不坚持根本，简直是乱弹琴。"

习近平在宁德还了解到，文化和地理隔绝以及语言障碍加剧了少数民族的贫困。他努力保护和推广畲族的文化和遗产，就连他的妻子——著名的歌唱家也加入其中。

尽管深知习近平在这方面经验丰富，我对他提出的要在2020年消除绝对贫困的目标仍持怀疑态度。所以，2019年我再次踏上环游中国之旅，想看看25年过去，这片大地上究竟发生了什么变化。2019年的中国已拥有世界上最好的公路系统，因此我在32天内完成了1994年要花3个月才能完成的旅程，路程也从四万公里缩短至两万公里。我还亲眼看到，即使是最偏远的西藏山谷地区也从"一个都不能掉队"的理念中受益。

前言

2019 年，哪怕是最偏远的地区也有了直通家门的水泥路，过去一遇暴雨便成致命危房的土坯房早已被新房所取代。中国的互联网覆盖范围不断扩大（甚至能覆盖到珠穆朗玛峰），农民可以更轻松地进入市场，许多农民从事电子商务，绕过中间商，直接向客户出售优质产品。宁夏的一位农民告诉我："我们以前像井底之蛙，但现在自由了。"

作为一名教授商科的教授，我对中国的经济统计数据印象深刻，但最令我折服的并非数字，而是努力改变生活的人，比如从保姆变成百万富翁的慈善家杨英女士。杨英只受过四年教育，便辍学从农村出来闯荡。19 岁时，她的梦想是给一名厦大教授当保姆，一个月挣 20 多块钱，一半自己留着，一半寄回家。她如愿找到了保姆的工作。非但如此，她如今已成为一名企业家，创办了四所国际学校（包括厦门国际学校），拥有一家生物科技公司和多家房地产企业，还捐出数亿元用于扶贫和教育事业。

300 年来，达娃旺堆的家族一直为班禅喇嘛——其地位仅次于达赖喇嘛——干活，但家境十分贫穷，与其他西藏农奴无异。达娃旺堆从小自学汉语，从一个每天挣 1 元的木匠一步步蜕变成几家国际公司的负责人，收入数百万元。他还成立了一家公司保护和推广西藏文化，销售西藏民族手工艺品。他在家中设宴招待我们一行人。晚饭过后，他一边弹奏藏族乐器札木聂，一边载歌载舞，还给我了最热情的藏式拥抱。"以前，"他说道，"我们十分羡慕贵族，但今天普通藏族人的生活已经胜过旧西藏的贵族。"

我曾经为自己早在 1994 年就完成自驾环游中国四万公里的壮举而引以为豪，直到我在内蒙古遇到摄影师张放先生。张放为了记录中国的荒漠化问题，增强人们对荒漠化问题的认识，在沙漠间行走了四万公里。

一位蒙古族母亲格日乐一边诉说童年的苦痛经历,一边不住落泪,令我们为之动容。由于内蒙古的基础设施和环境有所改善,她靠制售内蒙古传统小吃,供女儿读完了厦门大学的本科和研究生课程。

张建龙原先是进城务工大军的一员,后来从政府对农民企业家的帮扶项目中看到发展机会,回到了家乡宁夏——这是一片连联合国教科文组织官员都认为没有希望的土地。如今,年轻的张建龙已从农民工蜕变成"牛魔王",养有几百头牛,还帮助整个村庄摆脱了贫困。

厦大校友刘云光先生是一家公司的首席执行官,该公司原本从事游戏制作,在中国、韩国和日本市场中均处于领先地位。"我几乎是在一夜之间,决定放弃游戏业务,让程序员改做教育软件。"他说,"游戏给儿童造成了不好的影响。"我问:"贵公司是如何克服业务转型难关的?"他笑着回答:"现在,我们公司重回领军者位置,但这次我们是在帮助儿童,而不是伤害他们。"

农民徐立道为自己的自食其力深感自豪,也对习近平的警告深有体会——人是脆弱的,一场大病就能摧毁一个家庭,昂贵的治疗费用甚至会让几代人积累下的财富付之东流。徐立道在28岁就盖上了村里最好的房子,但一场突如其来的重病让他卧床不起,在鬼门关前徘徊了数月之久。"我本不抱希望了,所幸村里的领导给我提供了医疗方面的帮助。我能活下来,还过得这么好,都得感谢他们。"如今已恢复健康与自信的徐立道清楚地认识到"没有人是一座孤岛"。

景旭华的丈夫在一次车祸中丧生,留下她独自抚养5岁的女儿,没过多久,这位母亲又失去了工作。她忍痛把孩子交给父母,去日本谋生,回国后她搬到青岛,从事房地产工作,依靠自学站稳脚跟。"起初客户问我问题时,"她说,"我得翻字典才能弄懂意思。"她靠"给

前言

客户家人般的关爱"这一秘诀取得成功,如今公司团队已扩充到 200 多人。"我们关爱员工和客户,"她说,"先顾人,再谈利。"她的梦想是开办学校,让青少年既能学到书本知识,又能学习社会技能。她表示,"青少年在做事之前,需要先学会做人。"

王增豪是千千万万名青年志愿者中的一员,他们深入中国西部地区,助力当地的扶贫事业。"我 20 岁时,身边的大多数同学只考虑结婚、买车、买房,但我想做一些有意义的事,比如援助西藏。"援藏之前,他已做好了充分准备,比如利用大学的两个暑假去贵州贫困地区支教。"我有意把自己放到艰苦的环境中去磨炼,因为我想培养自己吃苦耐劳的能力。"

蒙古族母亲,曾经的西藏农奴,只读了四年书却从教授家的保姆变成四所国际学校创办人的企业家,不畏困难、服务西藏的青年志愿者——他们都是当之无愧的梦想家,正是这千千万万个普通人的梦想造就了中国梦的奇迹。步入 21 世纪,经济更加繁荣,科技更加发达,但仍有许多国家深受贫穷和饥饿之苦。

我希望世界各国能鼓起勇气,借鉴中国的宝贵经验,诚如一位中国领导人对我说的那样:"只要世上还有穷人,贫穷就不会消失。"

潘维廉

博士

目录

1 唐海荣——莫干山的企业家 3

2 刘云光——一位关爱青少年的厦大校友 13

3 景旭华——一位家庭事业双丰收的青岛妈妈 23

4 叶楠——中国西部的"点灯人" 31

5 杨英——从厦大教授的保姆到身家百万的慈善家 40

6 格日乐——靠做小吃供女儿上大学的蒙古族母亲 53

7 张放——内蒙古环保抗争的记录者 64

8 赵璇——来自西安的退休教师 76

9 卜文俊——西北地区的魏氏砖雕传承人 84

10 张建龙——从农民工到宁夏的"牛魔王" 91

11　辛宝同——从自立自强到助人脱贫的宁夏小伙 96

12　王增豪——服务西藏的青年志愿者 101

13　达娃旺堆——从西藏农奴蜕变成企业家 106

14　夏江平——绿化世界屋脊的女企业家 114

15　吴琼——为服务西藏而读书 126

16　徐立道——既讲究自食其力，又懂得彼此帮助的云南农民 132

17　朱庆福——从江西大山里走出来的摄影师 139

18　陈桥弟——亲历广西阳朔巨变的普通人 152

19　林睿琦——华为高级副总裁 159

20　Lucy——华为的年轻力量 168

唐海荣
莫干山的企业家

中国人坚定的教育信念

"中国人拥有坚定的教育信念。在这一点上,所有中国人,无论贫富贵贱,绝对能达成一致。假使有一名男孩没去上学,那要么是因为他的父母太穷,要么是因为他们没有施加足够的威力来迫使他学习。无需对这样的万口一词感到惊讶,因为教育是通往国家给予的荣誉和报酬的康庄大道,也正是因为有了教育,年轻人怀有的雄心壮志才最终得偿所愿。在西方,要想出人头地有很多条路……在中国就只有一条路,那就是始于学校的路。"

——厦门传教士约翰·麦高文(John Macgowan),1913年[1]

---

[1] John Macgowan, *How England Saved China*, T. Fisher Unwin, London, 1913(约翰·麦高文,《英国如何拯救中国》,T. Fisher Unwin 出版社,伦敦,1913年)

1994年，当我们的面包车沿着蜿蜒曲折的道路向上行驶，穿越莫干山的竹林时，我终于理解，为什么这里迷人的风景和凉爽的气候能吸引19世纪的中外人士纷纷前来，远离杭州和上海的酷暑，在"小瑞士"寻得片刻休憩。中国的精英人士和西方传教士、商人、外交官在这里建造了房屋、别墅、教堂和公共建筑，至今仍有100多栋别墅保存完好，其中一栋正是蒋介石当年度蜜月的地方之一。

不过，尽管莫干山风景美不胜收，山上的竹林和高山茶叶也备受人们喜爱，但多数当地人仍深陷贫困的泥潭。2019年，在游历中国期间，我欣喜地得知，莫干山人民终于也切实体会到了中国梦的好处，而这多亏了像厦大校友唐海荣这样目光远大的企业家。

唐海荣在一个贫穷的农场上长大，对书籍的热爱使他度过了多姿多彩的童年。他对学习的热爱使我想到中国古代"囊萤映雪"的故事。这名农场男孩的勤奋好学结出了硕果，"文革"之后，高考恢复，他考入了上海建材学院（现与同济大学合并）。1984年，唐海荣毕业后在省政府机关工作，几年后，他把握住改革开放的机会开始经商，成立了浙江津岩科技有限公司，任公司董事长。

唐海荣的学习热情并未消退。他坚信知识是改变命运和实现梦想的关键，于是参加了厦门大学和复旦大学的EMBA项目，不仅在商业方面成绩斐然，而且还获得了一项技术专利，这项专利经过工业化，所获收益占公司利润的大部分。

尽管唐海荣是新中国自力更生的企业家典范，但他毫不犹豫地承认，自己的成功主要应当归功于中国40多年的改革开放。

唐海荣咧嘴笑道："我们这些60来岁的人亲身经历了中国从计划

经济到市场经济的转型。这是中国实现跨越式发展的原因。我们这代人是幸运的。那些比我们仅仅大几岁的人永远没有机会上大学,而我们有这样的机会,毕业之后得到了好工作。潘教授,您自己也见证了中国80年代的迅猛发展。"

"您现在住在哪儿?"我问道。

"我在德清县有一家工厂,离杭州大概五六十公里。德清的风景非常美,很多欧洲人都很熟悉的莫干山就在德清。很多城里人周末都会去那里,你在莫干山能看到的外国人比本地人还多——尤其是欧洲人。那边现在有很多住宿加早餐旅馆。在我小时候,那里可完全不是这样,而现在,全国人都喜欢来这儿住,包括很多欧洲人、南非人等等。他们当中许多人做起了"洋家乐"的生意。我们把外国人开办的住宿加早餐旅馆统称为"洋家乐"。欧洲人过来,买一小块地,开一家有十几间客房的小旅馆。本地人开设的这种小旅馆,我们叫它农家乐,就是乡村住宿加早餐旅馆。我们有很多农家乐,办得非常好,因为地理位置优越,离杭州和上海很近。"

"那您自己的故事呢?"我问道。"您自己的中国梦?"

"我的故事?要分两部分说,"他说,"一部分是关于梦想——中国梦,另外一部分是关于创新。我过去是个乡下穷小子,11岁时就非常独立,因为父母身体不好,我不得不洗衣做饭,什么都做。"

"您有姐妹吗?"我问道。

"有两个哥哥,一个比我大7岁,一个大9岁。但我父母体弱多病,家里实在太穷了,哥哥们很早就离家谋生,留我一个人照顾父母。国家补贴我的学业,但寒暑假我得努力干活,挣零钱,交学费。我努力从初中熬到高中，因为我们都有一个梦想。"

"是什么梦想？"我问道。

"读书就是梦想！那时，多数人都没有文化。之后，我进了高中，接到大学录取通知书的那天我还在干活。邮递员把录取通知书交给我的那一刻，我震惊得一跃而起，随即重重地摔倒在地！大学毕业后，我被分配到一个政府机关工作，不过那边的条件一开始不是很好。当时中国正在经历由计划经济向市场经济转型，一切都听从分配，买什么都要票。"

"我记得这个，"我说，"当时就连大学食堂也要用面票、菜票、肉票，让我十分困惑。"

"但是，进入市场经济后，人们的想法就变了。"唐海荣说，"随着条件的改善，我们当中读过书、有点学问和创业精神的人都认为遍地都能淘到金子！"

"是的，有人把这个现象比作加州淘金热。"我说。

唐海荣点头同意："您刚来中国的时候，中国还十分贫穷，根本就没有发展起来。但是，任何有点文化、愿意工作和乐意冒险的人都肯定能成功，比如像我这样有能力和创新精神的人！

"90年代初，在建材部门工作时，我负责很多工业项目，当时就自己发明了一项专利。那时大学生还非常少，学习的机会也很少，但是如果我们能在毕业之后应用所学知识，那它就是无价的。即使是在非常落后的条件下，我们也知道，懂一点知识，学习再用功一些，就可以改善现状。"

唐海荣赶上了好时机。"如今，发明新技术需要大笔投资，"他说，

"但是，当时一切都太落后了，社会需要相应的变革，我们必须出国拜访专家同行，为改造新技术寻找灵感。如今不一样了。

"昨天，还有上个月，我举了任正非的例子，因为美国正在试图压制别的国家，但那没有关系，在这个共享的新时代，技术是无国界的。比如，有的公司发明了一项新技术，他们可能会授权其他公司用这项技术来生产产品，也可能用其他公司的专利技术来生产自己的产品。这样一来，双方都能获利，甚至可以抵消专利费。你把你的产品给我，我把我的产品给你。可是，当今世界很多人都忽视了合作精神。

"中国现在发展迅速，取得了很多成就，比如，我们可以乘坐高铁享受便利出行。很多人都以为我们的子弹头列车是西门子的，但它实际上是中国人在日本技术的基础上逐步改进过来的，已经远远超过了其他国家的技术。一开始，我们只是和其他国家合作，但其他国家的技术停留在了80年代，于是我们中国人锐意创新，开发出了更好的技术。"

"这我亲眼见过，"我说，"中国人以前是把工程专业的学生派往国外，如今，全世界正在把工程专业的学生派往中国。"

"是的，很多西方人都误以为中国人不够创新，那是错误的。"

我想起了乔·拜登（Joe Biden），他曾在 2014 年说过，美国富有创新精神，而中国却没能诞生"一个创新项目、一项创新变革、一款创新产品"[2]，甚至在 2019 年，他还在说中国不是美国的对手。

---

2 Roberts, Dexter, "Biden Makes a Habit of Dissing Chinese Innovation," Bloomberg Businessweek, May 28, 2014（德克斯特·罗伯茨，《拜登惯于贬低中国创新》，《彭博商业周刊》，2014 年 5 月 28 日）https://www.bloomberg.com/news/articles/2014-05-29/biden-makes-a-habit-of-dissing-chinese-innovation

"中国迎来了高速发展,"唐海荣说,"我在美国定居的同学和朋友,两三年后回来,觉得非常震惊。中国的发展速度让他们难以想象,其中一些人现在开始后悔移居国外了。他们都是有着深厚学术造诣的顶尖人才,当初因为觉得中国落后、外国条件好才定居国外。但是后来,看到这么多人在中国飞速发展期间创造了巨大的财富,他们都很后悔浪费了这么好的机会。"

"您无疑是抓住了机会,"我说,"即使童年贫困,还要独自照看生病的双亲,您还是努力改变命运,上了大学。是什么促使您做到这一切的?"

唐海荣笑了:"有句老话是鲤鱼跃龙门。"

"是的,在古代,那些通过高难度科举考试的人,据说就像鲤鱼跃过了传说中山顶瀑布之上的龙门。我想你们这代人做到了这点。"我说。

"我年轻时生活很苦,"唐海荣说,"但是心怀希望,人就会加倍努力。现在的孩子们都非常幸福,很多都不屑于听以前的故事,那时候,日子和如今大不一样。'文革'结束后,高考恢复,上大学成为我们唯一的出路。即使高考是应试导向,但它也是非常公平的一种选拔方式,因为它是穷人家孩子唯一的希望。上高中时我住校,晚上会熄灯,熄灯后我们就打着手电筒看书。尽管我们很穷,但我们知道,我们可以改变自己的想法。中国有句老话,'穷则思变'。"

"您显然非常有干劲,"我说,"但是很多其他人也很有干劲,却没考上大学。是什么让您脱颖而出的?"

唐海荣可能没明白我的意思,因为他答道:"当时不像现在教育

2019年7月4日，潘维廉于浙江杭州采访企业家唐海荣。（朱庆福 摄）

资源这么丰富，当时资源很少。那时很多人都很穷，但是努力用功，付出代价，就能得到回报。"

我坚持问他之前的那个问题，一心想弄明白他奋斗的真正动力。我说："我的意思是，您的条件甚至比别人还要差。您不仅家庭贫困，父母还体弱多病——您当时是怎样坚持理想的？"

"高中毕业后，我们得决定是上大学还是上中专技校，"唐海荣说道，"对于我们当中有能力考上大学的人来说，进技校会更容易。但我的很多老师都认为，假如我努努力，就可以参加高考，而只有最顶尖的学生才能上大学。我所在的德清二中只有16名学生达到了录取分数线。"

现在我多少明白了。我见过的很多人（比如新航道教育集团首席执行官胡敏教授）都告诉我，他们的人生转折点是老师的影响或干预。

"您家庭贫困，父母多病，高考又很难，但您还是坚持奋进，因为您的很多老师都相信您，这点我能理解。可是，是什么让您一直保持优秀，直到今天？"

唐海荣沉默了。我意识到他可能从未想过自己能够从人群中脱颖而出的原因。"好吧，那一定是因为我自己的努力。饱受困苦的山区孩子改变自身命运的唯一希望就是高考。正如我对女儿说的，知识可以拓宽视野，知识可以改变命运。技术也是一样。假如你有热忱的心灵和一定的知识水平，你就肯定能掌握新东西。但是，实践是非常重要的，尤其是现在中国飞速发展的时候。将来，中国的技术和创新能力会更强。随着不断奋斗，我会发现自己的缺点，努力改正这些缺点。创新在中国随处可见，而发展涉及方方面面。只要你不断学习和成长，就会发现新的缺点。看到自己的缺点就要改正。很多创新都不是凭空变出来的。中国一穷二白的时候，我们必须从头开始创造。但如今，要想直观地看到缺陷，那就需要实践。随着知识的增长，我们会对自己创造的事物加以改善。

"这是中国的情况，可能日本也是这样。美国从事科研创新工作的人可能比我们多，它的创新基础非常雄厚，但中国正在靠实践引领各个领域的创新，我想这是非常好的。假如世界在接下来二三十年里保持和平，那么在这二三十年里，中国的发展前景将是无限的。"

"您认为，在过去25年里，中国和您的公司最大的变化是什么？"我问道。

"我1994年白手起家开始创业，正是25年前，"唐海荣说，"启动资金是30万元人民币，但我不能卖掉自己的专利技术。我觉得这个专利很不错，但我拜访的公司都对我置之不理。我必须等待研发机构出现，才能将我的专利转化为工业产品。要将专利技术进行推广和工业化很难，我尝试了半年时间，但无人问津。我不愿放弃自己辛苦奋斗的成果，于是从机关单位辞了职，那是一份很好的工作，条件不错，还分配住房。之后我就开办了自己的公司。后来，我偶然想到可以跟化学制品公司协商，允许他们免费使用我的专利，但是材料必须从我这里购买。出售这些小材料一年可以带来上千万元的销售额，而且，有了出色的技术，利润也翻了番。我就这样推广了自己的技术，直到最终占据了全国城市市场份额的100%。

"那是一项很好的技术，但是到2008年，我所在的行业达到了饱和，这项技术已经不是最前沿的了。新技术早晚会取代我的技术，于是，从2008年起，我的工作重点不再是生产产品，而是在金融和银行业开展多元化业务。现在，我的15年专利到期了，所以从去年起我就在考虑彻底撤出市场，把工厂交给子女们，当作他们的一个基地。我的子女现在正从事跨境电商工作。那时我就会退休！"

唐海荣目前正在重建工厂，他的业务范围也随之拓展到对外贸易。他感到自己比那些后来出国的学生更加幸运，"我们这代人很幸运能够经历中国伟大的改革开放。当时出国的学生未能见证中国发生的巨大变化。我的经历比他们要丰富得多，我的人生也更加多彩。李克强总理呼吁'大众创业，万众创新'，但实际上，中国自改革开放以来就一直在创新。我们努力奋斗，但我们也非常低调，这是浙商的风格。中国发展迅速，西方国家现在感觉受到了威胁。"

"可是中国的发展并不是对世界的威胁。"我说。

"中国从未发动过对外侵略战争，"唐海荣说，"中国人崇尚和谐，热爱和平。比如，在中国，我们从不怕走夜路，但很多国家都无法理解这点。西方不理解中国，对中国存在很多误解。潘教授，您在中国也感受到了和平。"

"是的，但是其他国家的人并不那么热爱和平，他们害怕中国，因为他们觉得中国人和他们是一样的。"

"很多人都有不同观点，"唐海荣说，"他们没有目睹中国是如何发展起来的。事实上，中国热爱和平，它的发展机会和创新速度胜过其他任何一个国家。但是出于追求和平、全球化和共享的目的，我们不会轻易展示自己的优势——比如任正非会实施'备胎'计划。前段时间，我看到了中国商飞C919（COMAC C919）客机成功起飞。很多人都说未来航行业会形成"ABC"鼎足而立的局面——A和B分别代表波音（Boeing）和空客（Airbus），C取自中国（China）和中国商飞（COMAC）的首字母。在我看来，中国的发展只有一个目的，那就是做我们自己的事，致力创新，享受发展的果实。"

我很欣赏唐海荣对中国与世界其他国家关系的坦率见解。我希望中国能继续"做好自己的事"，并且通过"一带一路倡议"，继续帮助其他发展中国家"做好自己的事"。

刘云光
一位关爱青少年的厦大校友

我见过许多分散在中国各地乃至世界各地的厦大校友,但没有人像光辉互动的董事长刘云光先生这般。他称自己是个差生,实则成绩优异。再者,他所在的科学工程系虽是厦门大学的小系(仅36名学生),体育运动却不输其他院系。在推动学校变革方面,他也积极献力,包括在1984年时,力排众议,帮助我的老朋友纪玉华教授创办厦大英语俱乐部——那时距离我到厦大尚有4年。这些变革的影响持续至今。

纪教授的俱乐部成立申请遭拒时,刘先生毛遂自荐要当俱乐部主席。

"你连英语都不会说,为什么想当主席?"纪教授问道。

素来自信的云光说道,"因为学校不允许您创办俱乐部,但我有办法让他们同意！"年轻的云光言出必行，他游说学校领导，解释为何成立英语俱乐部能给厦大带来诸多益处，最终赢得许多决策者的支持。

后来，云光参与《厦大青年》报的印刷，说服他人和与人沟通的技巧得到进一步磨炼。该杂志的封面采用彩色印刷，在当时实属罕见。

1984年，云光当选厦门大学学生会副主席，后又担任毕业生联合会主席。他还参与并推动了厦大第一座非人物雕塑"青春"的落成。

彼时厦大已有不少雕塑，但全都是鲁迅、陈嘉庚、罗扬才等名人的雕像。1988年，刘云光带头主张在学校建一座非历史人物的雕塑，但遭到校方拒绝，理由有三：第一，这不是以人物为造型的雕塑；第二，学生没有建造雕塑的经费；第三，考虑到云光是毕业班的学生，校领导担心他是否有时间完成这个项目。

校领导几乎一致反对，但云光泰然自若，他积极游说校领导，就像当年争取成立英语俱乐部一样。学校最终让步了。

"我当时很大胆。"云光说，"我要求金融系向全体1700多名毕业生发起捐款，每人捐人民币2元。我也向经济学院提了这个要求，但他们气愤地说，'你想要建一座雕塑捐给学校，却强迫每个学生为此捐款？真是异想天开，得寸进尺！'"

经济学院的党委书记把云光叫到办公室，但这个年轻人并未退缩。

"我们会建成这座雕塑，并将所有参与捐款的院系名称刻在底座上。"他说，"经济学院不需要参与，这一点还请您确认。如果确实如此，那么我会将贵学院的名字从底座上删除。"

"为了避免名字被遗漏，经济学院不仅积极参与，还追加了捐款。"

刘云光——一位关爱青少年的厦大校友

云光说。

我好奇云光的自信从何而来,后来得知他如今年届九旬的双亲都是军人出身——他父亲曾是位著名的将军,后又担任中国科学院院长,自然而然培养了他的坚定意志和魄力。

"军人家庭的家风十分严厉。"云光说,"我必须努力学习。我原本想去清华大学读建筑,但我母亲表示反对,因为我的两个姐姐之中已有一个学过建筑了。可喜的是,我今天仍有机会圆年少时的建筑梦,我成了南京教堂设计项目的负责人,经常监督手下建筑设计师的教堂设计和教堂志愿者的情况。"

母亲不许云光学习建筑,于是他申请到厦门大学学习工程学。"我刚进入厦大,就遇到了现在的妻子——一个来自厦门鼓浪屿的漂亮姑娘,她和我一样,也是个好学生。当时,厦大禁止学生谈恋爱,一个外文系的学生就因为谈恋爱被开除了。不过我没有被开除。当其他人躲在小树林里秘密约会时,我们约在亮堂堂的篮球场上,在众人眼皮底下谈情说爱。毕业两年后,我们便结婚了。"

"您认为中国最大的变化是什么?"我问道。

"中国人看待中国变化的角度与外国人不同。"云光说。对他来说(其实我也是如此),最大的变化不是那些肉眼可见、可量化的变化,而是那些看不见的变化。"我从厦大毕业那会儿,获得留厦许可是很难的,但因为我妻子是厦门人,1990年,校领导帮我在一家台资企业物色了一份好工作。那时外资企业是个香饽饽,虽然工作辛苦,但薪水很高,因此内陆的人争相到厦门、深圳和其他沿海城市工作。这是第一阶段的变化——择业时优先选择外企。

"在为台湾老板工作6年后，我意识到自己短期内无法得到晋升，于是便抓住经济快速发展所带来的机遇，开始创业。那时，中国正从计划经济向市场经济转型，创业机会很多。随着许多官员和学者，包括国家级干部，纷纷放弃原有工作去经商或创业，'下海'一词开始流行。这是第二阶段。"

仿佛不满足于这些机会，股票市场也蓬勃发展起来。起初，入市机会有限，因为外汇账户被严格管控，国际业务也难以发展。云光还得克服外贸配额的难题。为了节省成本，他的兄弟把公司迁到约旦，在那里就可以免税向美国和欧洲出口产品，这使他们公司相较那些不如他们精明的竞争对手，拥有巨大优势。

"另一个挑战是，私营企业获得银行贷款的机会远远少于大型国有企业，而且当时中国私营企业缴纳的税额处于世界较高水平，我们的收入有一半要拿去交税。资金匮乏和高税收是私营企业面临的两大难题。但尽管环境充满挑战，中国的私营企业仍能盈利。而且放眼国际市场，我们极具竞争力。中国人很勤奋，我们在伊尔比德的公司鼎盛时期雇有8000名中国工人，销售额超过约旦全国的GDP。当然，我兄弟与约旦国王的关系非常好。

"随着国人对走出国门更加自信，我们把劳动密集型产业转移到海外，在国内的重心则更多放在高科技方面。但私营企业仍面临许多挑战。一位在政府工作的朋友说，指定用于经济发展的8000亿人民币中，只有10%用于私营企业。但中国正在实施许多新政策，帮助陷入困境的私营企业。"

"您的讲述十分精彩。"我对云光说，"但我真正好奇的是，在私营企业面临如此巨大的挑战时,您为什么突然从赚钱的游戏制作行业转向教育培训行业?您的动机是什么,这对公司的盈利有什么影响?"

"我们是中国游戏业的领军者,"云光说,"甚至在日本和韩国也是如此。但在成为首席执行官之后,我决定放弃游戏业务,因为游戏给儿童造成了不好的影响。我们转向教育——不止面向数学、物理、化学等高考科目,还有音乐、艺术、体育和技术四门学科。现在,我们公司重回领军者位置,但这次我们是在帮助儿童,而不是伤害他们,教育局也采用我们的产品来教孩子唱歌和绘画。"

他的这四门课让我想起约 2600 年前孔子的课程。西方人常质疑古代儒家课程的"实用性",但中国古代的士大夫实际上颇具创造力,也相当务实,有能力解决国家问题。而且西方研究表明,有音乐或艺术等爱好的科学家更有可能获得诺贝尔奖的青睐[3]。鲁特-伯恩斯坦(Root-Bernstein)的研究显示,

> "诺贝尔奖得主有美术和手工艺爱好的可能性几乎是 Sigma Xi 科学研究学会成员和美国普通民众的 3 倍,是英国皇家学会或美国国家科学院成员的 1.5 倍。"

---

[3] Root-Bernstein, Robert, et al, "Arts Foster Scientific Success: Avocations of Nobel, National Academy, Royal Society and Sigma Xi Members", Journal of Psychology of Science and Technology, Volume 1, Number 2, 2008, Springer Publishing Company(鲁特-伯恩斯坦、罗伯特等人,《艺术促进科学成功:诺贝尔奖得主、美国国家科学院、英国皇家学会和 Sigma Xi 成员的爱好》,《科技心理学杂志》第 1 卷第 2 期,2008 年,施普林格出版社)

2019年7月4日，潘维廉于江苏南京采访企业家刘云光。（朱庆福 摄）

这种洞察屡见不鲜。早在1911年，距今约一个世纪，爱德华·李·桑代克（E. L. Thorndike）[4]就写过，

"音乐、绘画或文学创作等方面的艺术才能与实事求是的科学态度和智慧相伴相生。最擅长抽象思维的思想家，其具象思维能力也高于平均水平。"

---

[4] E. L. Thorndike, Individuality, Boston, Houghton–Mifflin, 1911（爱德华·李·桑代克，《个性》，波士顿，霍顿·米夫林·哈考特出版社，1911年）

我很钦佩云光转换赛道，从游戏行业转换为教育行业的勇气，但我想知道这从经济层面看是否可行。"从游戏转向教育难吗？"我问道。

"不难，因为我们的程序员很厉害。不管是游戏还是教育，涉及的技术都是一样的。事实上，游戏对技术的要求远高于教育，所以将重心转向教育相当容易。游戏的同时在线玩家人数可能达到数百万，而教育软件很少同时出现这么多使用者——除非临近考试。"

"您分享了经济方面的变化和私营企业面临的挑战，您还看到了哪些其他变化？"我问道。

"太多了。基础设施规模庞大，交通得到显著改善，老百姓的衣食住行也更加讲究。教育和文化方面的变化也不容忽视。现在中国人对西方更加了解，不再盲目崇洋媚外。我们很清楚，西方也有很多缺点，许多事情我们必须靠自己学习。我们无须再妄自菲薄，认为美国事事第一，强大得不可逾越。美国也面临着许多棘手问题。到 2025 年，中国将迈入世界强国之列，这不仅是因为科技取得了长足发展，还因为中国在认真解决社会问题。"

"中国将如何做到这一点？"

"习近平主席高瞻远瞩，审时度势，提出许多重要理念，"云光说，"其中一个是'中国梦'，另一个是'一带一路'倡议。'中国梦'是让每个人都有自己的理想和追求，让中国重返世界之巅，再现唐、宋、明朝时期的辉煌。中华民族拥有 5000 多年连绵不断的文明历史，中国人具备自力更生、自强不息的品格。此外，'一带一路'倡议旨在与其他国家分享中国的发展经验，积极构建人类命运共同体。中国的经验之一就是基础设施建设。"

"是的。"我说,"30年前,中国人说,'要想富,先修路。'"

"有了良好的基础设施,贸易才能发展起来,人们的出行也更为方便。"云光说,"中国有句老话叫'树挪死,人挪活。'人动起来了,情况就能变好。有了好的道路、高铁和桥梁,贸易就会增长,我们就能赚到钱,世界经济前景也会不断向好。中国的基础设施十分完善,其他一些国家则不然。我开车沿着高速公路前往洛杉矶机场,那条路几十年来总是一副需要修缮的样子。从洛杉矶到旧金山的高速铁路至今也没有建成。"

连接洛杉矶和旧金山的高铁项目于1992年开始规划,但拖到2015年才真正动工,规划阶段的投入已达6.5亿美元。原定于2029年的竣工期限被延长到2032年。接着在2019年,加州州长纽森(Newsom)公开承认,这条高铁永远修不成。

"这样的问题表明,美国的民主不是万能的。"云光说,"中国共产党也讲民主,但有些事情只有各方团结一致、避免分歧,才能达成。在这一点上,没有哪个国家能与中国媲美,这就是我们有信心的原因。"

云光庆幸自己在改革开放初期就开始创业。他表示,"随着事业蒸蒸日上,我想用余生做一些有意义的事。所以,我和我的商业伙伴决定只做三类生意。一是教育——真正的教育,而不是仅仅为了盈利。二是环境保护和有机食品。厦门元初食品公司是由我的一个好朋友创办的,他起初从事食品的进出口。我问他们,'为什么我们不把这么优质的食品卖给中国消费者?'当他们解释说,这是因为他们卖的食品要比其他食品贵20%到30%时,我表示,人们愿意接受较高价位,因为他们担心普通食品会受到空气和土壤污染。果然,这家公司后来发展得极好，预计很快会上市。第三类是医疗和养老设施。中国离退休人员数量庞大，我妻子正在筹建一所养老院。我们还可以多建几所，为老年群体提供廉价或免费的照护服务，但需要找到懂得经营的人。"

让云光感到兴奋的不仅是中国的转型，还有母校厦大的巨变。"厦大办学规模大幅提升，摘得多项'第一'，厦门大学马来西亚分校是第一所在海外设立的中国知名大学分校。厦大发生了很多变化——大部分变化是好的，也有一些不那么好。人人都想要赚钱，想要评上教授，却没有多少人愿意从事艰苦的科研工作。我希望厦大不仅拥有雄厚的科研实力，还能成为一所充满温情和人文关怀的大学。厦大的校友人数是在读学生的10倍，应当思考如何让更多校友参与进来。"

"您显然仍对厦大怀着深厚的眷恋之情。"我说。

"在厦大的日子是我一生中最快乐的时光。我在那里认识了我的妻子，如今我们已携手走过35年。有人告诉我，我不能和妻子一起工作，但我们合作得很好。"

"我还有最后一个问题。"我说，"您已分享了中国的许多变化，您认为下一个变化或机会在哪里呢？"

"华为就是一个好例子。"云光说，"中国的未来发展要看华为，但不全在华为身上。华为代表着无数的中国企业。腾讯、百度和360都是大型公司，但我不喜欢他们的做法。而华为不仅是大公司，还是好公司。中国将涌现更多像华为这样的企业，为全球带来积极影响。中国的一些技术已领先世界，随着更多中国企业跻身世界前列，我们国家将变得更加强大。这样的例子包括可控核聚变技术。我们将在2050年实现可控核聚变，届时电力价格将变得极其低廉。我们的石墨烯和量子通信技术也处于世界领先水平。还有许多其他例子。"

确实,中国在越来越多领域领跑世界,但值得其他国家庆幸的是,纵观几千年历史,中国始终坚持和平合作,从不谋求世界霸权,就算在1000多年前,中国的经济、技术和军事实力远超其他国家时,也是如此。过去30年间,我亲眼目睹了云光所说的发展,中国还会在发展与创新之路上继续前行。一想到自己的军旅生活,以及西方长达五个世纪战火连绵的历史,我就对中国心怀感激,感谢时至今日,中国仍坚持以和平谋发展。

我希望这点永不改变。

景旭华
一位家庭事业双丰收的青岛妈妈

过去，青岛总让我想起巴伐利亚州。德国于1898—1914年占领这座沿海城市，在这16年里留下了大量德式建筑，包括标志性的天主教圣弥厄尔大教堂（St. Michael's Cathedral）。今天的中国人对产自青岛啤酒公司的啤酒赞不绝口，青岛啤酒始创于1903年，前身为日耳曼啤酒公司，现在已是中国第二大啤酒生产商。

但在2019年7月之后，青岛在我心中已永远地与一位单亲妈妈景旭华联系在一起，她的爱与热忱不仅帮她拯救了自己的家庭，还助她开创了房地产事业，并取得巨大成功。她起初对房地产一无所知，为了理解买家提出的最基本问题，只能如饥似渴地阅读。今天，这位52岁的企业家已雇有200多名员工，她的下一个目标是开办学校，帮助下一代。

"我来自东北一个普通家庭。"旭华说,"家里好几代人都是铁路工人,我祖父年轻时曾为日本人开火车。1986年高中毕业后,我成为我们当地的一名铁路售票员,工作时身穿制服,头戴帽子,这份工作让我非常自豪。但两年后,我结婚生子,为了能更好地照顾家庭,我离开了铁路系统。"

婚后,旭华先在一家部队招待所的前台干了一年,之后在一家新开的干洗中心找了份工作。她在南京接受了有关新技术的培训,并在那里工作了几年。"生活很美满。"她说,"但后来发生了变故,我丈夫在一场车祸中丧生,留下我独自抚养5岁大的女儿。"

祸不单行,当旭华还沉浸在失去丈夫的悲痛中时,她的工作也丢了。"许多公司都在裁员,由于我要花很多时间照顾孩子,他们就把我解雇了。"

这让旭华一筹莫展,彻底崩溃。最后实在没办法了,她忍痛把5岁的孩子交给父母,去日本谋生。

"在日本的生活十分艰苦。"她说,"我远离家乡,非常想念女儿。日语很难,我的日语学不好,与人沟通也很困难。"2001年,旭华终于回国,但她发现自己再也无法适应东北的凛冽寒冬。一位朋友告诉她,青岛的气候和天气与日本相似,她便搬去了青岛。

"对一个没有技能傍身、又独自带着孩子的单亲妈妈来说,找工作极其艰难,所以我开始自己创业。一个朋友找我帮忙卖他们盖的房子,尽管我那时对房地产一窍不通,就连最基本的销售和专业术语都不知晓,但我还是应承下来。我读了大量书籍,以便让自己看起来像个内行。"

"有客户问我房子的套内面积。"旭华笑着说,"我听不懂那是什么意思。但我以真诚、坦率的态度对待客户，细致地指出房子的优缺点、地理位置等情况。我的真诚赢得了客户的信任，他们就从我这里买下房子。今天，我把员工派往全国各地接受专业培训，我就像公司这个大家庭里的母亲，得确保每个孩子学会讲道德、明是非，学会如何做人。"

旭华在青岛房地产市场打拼了20年，和今年28岁的女儿一起住。"一开始，我的团队只有4个销售人员。"她说，"随着盈利增长，员工慢慢扩充到20人，到现在已有200多人了。我爱上了这一行，尤其是当我深入了解了自己的工作时。我不仅从开发商和建筑商那里学到了很多东西，团队里充满活力的年轻人也是我的学习对象。我的生活并非一帆风顺，但我积累了丰富的人生经验。"

"您似乎十分热衷于房地产。"我说。

"是的。"她回答道，"因为除了利润之外，还有许多无形的好处。"

"什么样的好处？"我问道。

"朋友，这是其一。我刚搬过来时，通讯录上只有1个联系人。现在，我的联系人已增加到4700个——他们都成了我的朋友。"

"您的客户都是朋友？"

"没错，与许多其他公司不同，我们的销售真正做到以客户为中心。诚然，我们的目标是尽可能多卖些房子，但绝不以牺牲客户的利益为代价。例如，有些客户想要在一个地方买好几套房子，这样做风险很大。尽管卖掉这些房子能让我们大赚一笔，但我们先进行风险评估，确定没问题后才同意卖出。客户被感动了，因为他们看到我们不是盲目地兜售房子，而是在努力保护他们的利益。一来二去，这些客户就成了

2019年7月5日,潘维廉于山东青岛采访企业家景旭华。(朱庆福 摄)

我们的朋友。"

"听起来,您对客户也怀着一颗母亲般的心!"我说。

"是的。"旭华说,"虽然我们不如一些大公司专业,但我们正在努力学习。我们有一个独特的销售理念,那就是给客户家人般的关爱,我们已小有所成。这也是我爱上这个行业的原因,这样的快乐是金钱买不到的,干得越久,我就越是热爱这份工作。"

"过去20年,中国发生了很大变化,您的人生也随之改变。您对未来有什么看法?"

"未来一定会更加美好,"旭华说,"因为我们在不断发展壮大。

起初我们只卖新房，现在我们还出售和租赁二手房。我们将团队划分为若干部门和分店，其中黄岛区就有230多家分店，我们还设立专门的团队负责房地产规划和营销。"

"您会将业务扩展到其他地方，还是专注于青岛？"我问道。

"就目前来说，我们手头上的业务已经忙不过来了。"她说，"青岛是一座旅游城市，它的快速发展带热了房地产业，尤其是黄岛区。"

旭华对自己的经济前景感到乐观，却担忧中国新积累起来的财富给人们价值观带来的一些变化，尤其是年轻人身上的变化。

"我小时候，身边都是接受传统教育的平头百姓。"她说，"大家团结互助，邻里关系也很融洽。谁家做饭时缺酱油或别的什么东西，都可以去找邻居借。"

"今天不一样了吗？"我问道。

旭华叹了口气，说："今天，一些家庭仍会教育下一代要继承优良家风，但年轻人似乎相比父辈更加自私，他们活在自己的世界里，对别人漠不关心。不过今天的年轻人绝不懒惰！他们干劲十足，对未来充满希望。他们目标明确，并为之努力奋斗。他们懂得'种瓜得瓜，种豆得豆'的道理。我认识一个年轻人，他的父母家境富裕，但他会自己料理家务，而不是交给保姆做。我问他这么做的原因，他说，'在这个竞争激烈的社会里，我必须学会不依赖父母。'"

"为什么中国的年轻人如此积极进取？"我问道。

"因为政策好。"她不假思索地说，"政策好，努力工作就能得到回报，生活也能得到改善。就连一些国企也改革了，他们让工人持股，以此激励员工。换句话说，只要充分发挥自己的才能，就能过上幸福生活。"

旭华顿了顿,接着说:"也许您认为我对钱斤斤计较?但对现在的年轻人来说,这个月的工资如果能涨一点,他们就会很高兴,下个月的工作状态也会提升。金钱是经济基础。体制改变后,人们有了努力工作的动力——与'铁饭碗'时代不可同日而语,那时无论干不干活,人人都有收入。"

"我很高兴中国的年轻人如此积极进取,但您如何看待他们对周围的人漠不关心这个问题呢?全世界的青少年都面临这个问题。我们如何解决?"

旭华面露喜色,说:"嗯,我的一个梦想是开办学校。青少年需要的远不止是书本知识,家长看重考试和成绩,但其他事情也很重要。青少年需要学习社会技能。他们在做其他事情之前,需要先学会做人。"

"他们如何学习这些技能?"我问道。

"我认为首要的是人际交往技能,而这有很大一部分可以从师生互动中学习。"旭华说,"还要学习中国的传统文化。我们必须完善教育,不能只教授理论,这会阻碍孩子的成长。例如,书本只能以抽象的形式阐述礼貌的概念,而许多人在中国传统文化的熏陶下成长,从小就知道尊老爱幼的美德,并一代代地传承下来。我想这点很关键。"

"愿您梦想成真。"我说,"有趣的是,我有许多摆脱贫穷、富裕起来的中国朋友,他们也把大部分钱投入教育事业。从这个角度看,中国人重视教育这点,几个世纪都未曾改变。"

旭华点头表示同意。"创办学校是个很大的梦想,我不知道能否实现,但会尽力而为。我花了4年时间调查教育行业市场,收集数据。

我的梦想是建立一所重视儿童德育、智育和体育的学校。我打算请我的英国朋友帮忙，聘请英国教师到这里来，分享他们丰富的经验，同时也更好地了解中国。"

"希望您能成功。"我说，"正如20多年前，习近平任福建省省长时所说的那样，'我们要讲好中国故事，因为中国人已经了解世界，但世界仍不了解中国。'"

"我希望能帮助世界更好地了解中国。"旭华说，"1995年我到日本时，尽管我来自一个非常普通的家庭，可生活也还过得去，不像日本人想象的那般糟糕。一个日本人给了我一块糖，问我是否吃过，还有人问我们家里是否通了电！他们说，他们对中国的了解大多来自央视的纪录片，其中许多是关于中国的贫困偏远地区。他们自然而然地认为，整个中国都是那样的。后来，我请家里给我邮寄一些照片，以便让日本人了解中国的真实面貌。他们惊讶地发现，在20世纪90年代，许多家庭甚至用上了电视和冰箱。在那之前，他们以为中国还是极其贫穷和落后的地方。"

"我们怎么才能帮助世界更好地了解中国？"我问道。

旭华笑了。"我觉得要写信给中央电视台，问他们的节目为什么经常向外国人展示中国不好的一面——贫穷、需要建希望小学，等等。我们需要更多别的节目来消除世界对中国的疑虑，比如说中国人的商业诚信问题。"

"我同意。"我说，"世界需要看到中国的变化。但很多人害怕一个繁荣富强、日新月异的中国？"

"是的，中国的快速发展让很多人感到恐慌。"旭华说，"也许这是因为他们自己的国家没有变化！我到访过许多国家，英国、澳大利亚、加拿大等等，我小时候就想象过这些国家的生活，觉得一定如天堂般美好，所以对亲眼看到的事物并不惊讶。但多年之后，我再到这些国家故地重游时，却发现几乎没什么变化，因为他们安于现状。但中国就不一样了。我震惊于外国的不变，而外国人震惊于中国的巨变。但我们喜欢这样的变化，因为我们的领导人优先考虑改善民生。国家给了我们很多支持，尤其是商业方面，而我们也抓住了机遇。"

"但中国的巨大变化应该让外国人感到害怕吗？"我问道。

"我认为没什么好怕的。"旭华说，"中国人非常友好、务实。如果我们强大起来，我们会与外国人互帮互助；如果外国人强大，我们也会谦虚地向他们学习。不管怎样，我们都将携手共进。"

我对此表示赞同。如果中国能不断涌现出像旭华这样的企业家，我相信世界会很乐意与中国人携手共进。

4

叶楠
中国西部的"点灯人"

1961年,温州人叶永烈在创作《小灵通漫游未来》(后成为"文革"后中国大陆出版的第一部科幻小说)时,定想不到他对未来的畅想与展望会激励着像叶楠这样的中国年轻人,将科幻小说中的设想变成现实。叶楠来自浙江省的一个贫困山区,毕业于厦门大学。

浙江一直被认为是与"贫困"最不沾边的地方。浙江自古以来就是富庶之地,被马可·波罗盛赞为"世界上最美丽华贵之天城"的杭州正位于此。时至今日,这个沿海省份的发展依然高歌猛进,GDP位列全国第四,常被称为"中国经济的脊梁",还孕育出很多著名企业家。如果连如此富裕的浙江都还需要同偏远山区的贫困作斗争,那么放眼整个中国,近70%的陆地面积是山地、丘陵和高原,河流众多,纵横交错,消除贫困的挑战之严峻可想而知。

值得庆幸的是，70年来，中国制定并实施了一系列综合性的政策，帮助贫困地区摆脱贫困。另外，还有像叶楠这样的人无私奉献，倾囊相助。叶楠从厦大毕业后，不仅致力于建设自己的家乡，还帮助中国西部的贫困地区。

"您自己就来自贫困地区，是什么促使您去帮助中国西部那些更贫困的地区呢？"我问道。

"初中时，我到过温州。"叶楠说，"一个热心帮助贫困山区儿童的人送给我们很多书，让我们见识到外面的广阔世界。我想，对一个孩子来说，一本书甚至一次谈话或许就能改变他的想法或看待事物的方式。我对这位叔叔始终心怀感激，他送了我一本科幻小说《小灵通漫游未来》，拓宽了我的眼界。"

这部小说写于1961年，作者是温州人叶永烈，但当时迟迟未能出版，因为书中构想了一座拥有会飞的汽车、机器人、可视电话的"未来城市"，对未来前景的乐观展望与中国当时深陷自然灾害的残酷现实格格不入。直到17年后的1978年，这本书才得以出版，成为中国在"文革"后出版的第一部原创科幻小说。这本书老少咸宜，数十年来一直带给人欢欣与鼓舞。我相信，这位于2020年逝世的作家，若知道有一位年轻读者被他的作品打动，从而投身于公益事业，成为贫困地区孩子们的"点灯人"，定然深感欣慰。

"从温州回到家后，"叶先生说，"我心中就萌生了一个强烈的愿望，我要更刻苦地学习，接受更好的教育，帮助更多的人。之后，我幸运地考上了厦大。"

当得知厦门大学的创始人陈嘉庚先生捐出自己毕生积蓄，用于中

叶楠——中国西部的"点灯人"

国的教育事业时,叶先生想要帮助穷人的愿望愈加强烈。厦大凝聚了陈嘉庚先生一生的心血,始终坚持弘扬嘉庚精神,培育莘莘学子。

"我知道您来自一个非常贫困的地区。"我问道,"促使您帮助穷人的最大动力来自哪里?"

"课外活动让我了解到这些人的需求,也拓宽了我的视野。在学习商科的4年里,我还在《厦大青年》报社工作。这份工作让我进一步了解到发生在中国这片土地上的许多故事,但影响最大的还数一部叫作《黄羊川》的纪录片,这部片子的拍摄有赖于温世仁先生的支持,我也以此为契机知道了这位台湾企业家。

温先生从小家境贫寒,每晚都要捕捉萤火虫,借着微弱的光线学习,但与在甘肃黄羊川那片贫瘠干旱之地上的所见所闻相比,他觉得自己从前的贫困简直不值一提。看到黄羊川百姓的艰苦处境时,他'泪流满面'。于是,他投资5000万美元成立了'千乡万才科技有限公司',选择中国西部最贫穷的1000个乡的1000所学校作为培训基地,培养了1000万名青年人才,让他们掌握软件设计技术,在家远程就业,走上致富之路。"

叶楠被温先生的奉献精神深深感动了,所以他决定毕业后直接去中国西部工作。他说:"温先生是对我影响最大的人。还有就是大三那年,我参加了一场义卖会,组织义卖会的学长曾在中国西部的大戈壁支教。那里靠近毛乌素沙漠,水资源严重匮乏。我了解到那些孩子的生活条件比我小时候还要差很多,便决心以某种方式帮助他们。"

大三时,叶先生报名加入了厦大支教队;大四时,又与几个同学一同到中国西部的宁夏农村支教。"我们以为自己已经做好了心理准备,

2019年7月8日,潘威廉于北京采访支教老师叶楠。(朱庆福 摄)

但那里的条件远比我们想象的还要艰苦。由于降雨稀少——每年只有几十毫米——拖拉机每周都要运水进来。当地雨水罕见,人们将雨水称为'天降甘露',而将井水称为'苦水',因为井挖得很深,井水含有大量矿物质,喝起来发苦。

"水资源短缺,农业和工业都难以为继。在如此糟糕的条件下,孩子们仍十分乐观。当地教师资源严重紧缺,我不仅包揽所有文科科目,还要教生物,甚至体育。但那一年我过得很愉快,因为孩子们的乐观情绪给了我莫大力量!"

但是，巨大的需求和严重的资源匮乏让叶先生难以凭一己之力招架。"需要帮助的孩子成百上千，但我只是一个大学生，能力和资源都很有限，于是我决定把这些需求发布到网上，让中国其他地方的人都知道。"

2005年正值中国互联网蓬勃发展的时期，整整一年，叶先生每天都在网上发文，讲述自己的经历，到年底时，已累计写了几十万字。随后，在厦大几位老师的帮助下，他将自己的经历汇编成书，并于2007年出版。

看到叶先生在一本书上签名，要送给我时，我问道，"这本书是您在宁夏那一年的日记吗？"

"是的。"他说，"大部分是那一年的经历。从大学毕业到2017年，我一直在教小学和初中。我看着教过的学生从初中升到高中，再进入大学，不断遇到困难，又克服困难，一步步成长起来。这本书实际上涵盖了2005年到2017年整整12年间的经历。

"结束支教，返回厦大后，我仍与许多宁夏的学生保持着联系。有一个学生好几次险些辍学，但我一直劝他坚持下去。他做到了，后来被南京一所大学录取，毕业后在南京创办了一个非营利组织，并担任主席。该组织致力于孵化出更多非营利组织。他的梦想是帮助其他想要创办非营利组织的人，而且做得十分出色。我为他感到骄傲。"

"您如何与您的学生保持联系？"我问道。

"起初是通过信件，后来用学校的电话。现在方便多了，可以用QQ和微信的视频通话。我还回去看过他们两次。我教过的孩子都已经毕业了，但还有新的孩子，学校的变化也很大。"

"有什么变化？"我问道。

"嗯，我当年给孩子们上体育课时，操场上铺的是煤渣，只要摔倒就会流血。冬天气温低于零度时，上体育课就更加困难。孩子们活泼好动，似乎不畏寒冷和疼痛，但条件确实艰苦，一个哨子便是全部的运动器材。后来有一位爱心人士慷慨捐赠了5000元人民币，我们才买了很多球，还用水泥搭了一张乒乓球台。2010年，我回去时，一切都已有所改善！学校铺设了专业的跑道，运动器材也一应俱全。"

"学校还有其他变化吗？"

"有，饮用水水质得到了改善。过去，那里没有座机，手机也收不到信号，但现在已接入高速互联网。教室也焕然一新。以前，学生常常捡哥哥姐姐的衣服穿，但在2010年，他们都穿上了崭新的校服。还有，他们看上去比以前幸福多了。"

"为什么他们比以前幸福？"我问道。

"原因有三个。"叶楠回答道，"第一，十多年来，中国经济飞速发展，就连我曾支教的地区经济也不断向好；第二，几十年的扶贫工作确实取得了显著成效；第三，有很多像我一样来自山区的人，他们到城里读书，学成返乡，尽己所能投身于家乡建设。那个在南京创办非营利组织的男孩就是一个例子。有一个女孩，她毕业后留在大连，在IBM从事软件设计工作，但由于思乡心切，后来离开了这座美丽的沿海城市，回到家乡宁夏工作。还有一个学生从师范学校毕业后，回到我支教过一年的那所宁夏学校担任全职教师。当然，现在交通方便了，这些就更容易做到了。"

"我也遇到过很多这样的人。"我说，"早在20世纪50年代初，也有厦大人放弃舒适的岗位，到甘肃、西藏和其他当时非常贫穷的西

叶楠——中国西部的"点灯人"

部地区任教。叶雪音 1950 年入读厦大，1951 年去援藏。她从北京出发，历时 4 个月终抵西藏。从甘肃到西藏的最后一段路，她走了好几个星期，一路上风餐露宿，食不果腹。他们一行人或走在破旧的竹索桥、木板桥上，穿过冰冷刺骨的河流；或坐在牦牛皮制成的形如蚌壳的小船上，随着湍急的水流漂漂荡荡，抵达对岸。她到拉萨后给父母写信，过了整整一年才收到父亲的回信！

"而今天，中国拥有世界上最发达的公路网和铁路网，以及覆盖最广的互联网服务。即使生活在最偏远地区的中国人也能打视频电话，和《小灵通漫游未来》里描述的一模一样！"

"是的。"叶先生说，"中国的基础设施，尤其是电信方面的基础设施，正在通过多种方式帮助贫困儿童。2005 年，我告诉农村的学生我来自厦门，他们以为我说的是澳门。他们不知道这两个地方截然不同。但是今天，这些孩子的知识面和视野与城里孩子没什么不同。他们也和我们一样看电视、上网冲浪，但在 10 年前，他们只有报纸，而且那些报纸往往是一个月才送到村里一次——所谓的新闻其实是一个月前的旧闻！如今有了 4G 网络，5G 也即将用上，许多学校就能够播放多媒体文件。"

"学生现在对世界时事非常了解。"叶先生说，"2005 年，如果您问学生有什么梦想，他们的答案模糊不清，因为他们真的没想法。他们的梦想是找到能糊口的工作。但现在，他们脑海中有一幅明确的未来图景。拿我去年帮助的一名学生来说，他想成为一名画家。我很欣慰，他们现在对社会和世界有所了解，并能在其中发光发热。"

"您未来有什么打算？"

"其实,我把厦门当作第二故乡,把宁夏当作第三故乡。我对宁夏有着深厚的感情,10多年来,也一直与那里的孩子保持着密切联系。我认为,要让孩子们均衡发展,不仅需要提供物质上的帮助,还需要精神上的帮助。比方说,中国西部有许多留守儿童,他们在成长过程中独自面对一切。我想帮帮他们。

"我在厦大学习商科时,为了撰写硕士论文,曾对非营利组织略有研究。也许我将来会从事这方面的工作,因为我有很多朋友在做慈善工作。这是件好事,帮助他人有助于我们自己的成长。"

"我非常感动。"我说,"说到中国人不分老少,积极参与扶贫,我昨天采访了一个高中女生,她在网上给农村孩子辅导数学。她说,'我们家并不富裕,但条件比那些孩子好一些,我应该帮助他们。'"

"是的。"叶先生说,"信息技术真的可以助我们一臂之力,让我们更好地帮助他人!"

"看来,越来越多的年轻人愿意参与这样的公益活动。"我说道,"除了得益于互联网带来的便利性,您认为还有什么原因?"

"实际上,我认为公益是中国传统文化的一部分——无论是在旧中国还是新中国。在政府的大力支持下,标准化的公益项目、非营利组织等在过去10年逐渐普及。例如,我的宁夏支教活动就是校方组织和资助的。这类支教活动始于1999年,截至去年,到中国西部支教的大学生约有100万人。一个学生可以教几百个人,我想已有数百万孩子得到了帮助。这是一个长期积淀的过程,最终将从量变走向质变。

"立法也有一定帮助,新的志愿者服务条例有助于加强对志愿服务的支持。许多历史性事件中不乏志愿者的身影,比如汶川大地震。

我刚提到的那个学生正是受到这类公益活动的激励，在南京建立了非营利组织孵化中心。非营利组织如雨后春笋般兴起，吸引人们纷纷加入公益行列，如同向日葵追逐太阳般热情。"

"是的，像您写的有关中国西部的书也有帮助！"我说，"我非常渴望拜读您的大作。"

美好的时光总是短暂，我与叶先生的交谈就此画上句点。叶先生热衷于帮助境遇不如自己的人，这让我深受鼓舞。同时我也深深懂得，即使是寥寥几语、一本像《小灵通漫游未来》这样的书，或者一部像《黄羊川》这样的片子，也能发挥巨大的作用，帮助他人确定未来的人生方向——无论这个人是孩子、大学生还是像我这样的老年人。

但光有热情是不够的。叶先生的愿望得以实现，有赖于厦大提供的支教项目。令人高兴的是，凭借中国庞大的公路网和铁路网，以及先进的电信技术，向穷人伸出援手变得空前容易，甚至借助网络就可以为他们提供服务。如今，人们面临的机遇也空前广阔，兴许等我从厦大退休，也会去中国西部教书呢！

5 杨英
从厦大教授的保姆到身家百万的慈善家

我在中国各处旅行时,遇见了许多厉害的人物,也有过许多奇遇,但有一些令人难以忘怀的故事就发生在自家后院——厦门大学。有一个10多岁的女孩杨英,她只受过4年教育,便辍学从农村出来闯荡,梦想是到一名厦大教授家里做保姆,一个月挣22元,并把其中一半寄回家供弟弟读书。她的梦想实现了。非但如此,她如今已是一名身家百万的慈善家,在厦门、北京、深圳等地创办了国际学校,拥有一家生物科技公司和多家房地产企业(包括在自己家乡投资10亿元用于房地产建设),还捐出数亿元用于扶贫、改善教育和帮扶家乡全体退休人员。她还利用业余时间,担任北京漳州商会会长。

杨英心系慈善,善举不胜枚举。比如,她向平和县慈善总会厦门市平和商会分会捐赠6000万元;捐赠500万元,用于广兆中学的建设;

向中国儿童基金会捐赠6800万元；大力支持修路造桥，助力偏远乡村脱贫。尽管她不曾到过宁夏和西藏，但一听说那些地方的小朋友买不起书，她便为他们捐资购书。

杨英不是一个"独善其身"的人。她深入村庄实地考察，探索造成各地贫困的不同原因，因地制宜协助落实帮扶方案。她还为漳州平和县高际村700多名60岁以上的老人、东槐村690多名退休人员提供生活补助费。

"是什么促使您以这么多方式帮助这么多人？"我问道。

"我是农民的女儿，"杨英说，"关爱弱势群体是我的本分。财富取自社会，必须用来回馈社会。"

自私待己，无私待人

20世纪90年代，因厦门市政府请我协助创办厦门国际学校事宜，我第一次到杨英家中拜访。杨英笑着说："因为你们要来，我打扮了一下，还化了妆！"

对杨英来说，"打扮一下"意味着仪容整洁、衣着舒适得体。与我一同前往的厦门国际学校副校长魏伟强"一针见血"地指出，她还穿着那双20来块钱的鞋子，一穿就是好多年。她听了害羞一笑（仍像个乡村小姑娘），耸了耸肩，说道："要'自私待己，慷慨待人'嘛，我不像一些有钱人那样大手大脚。我对自己花钱比较计较，去外面吃饭都会把剩菜剩饭打包带回家。"

当然，我能理解杨英的这种做法，因为她曾饱尝饥饿的滋味。

从农民到富翁

杨英于1963年出生在平和县山格镇高际村（平和县也是林语堂的家乡）的一个农民家庭，在家中5个孩子中排行老大。她的母亲只会讲当地方言，不懂普通话。父母都种地，无暇照顾孩子。杨英只好用薄薄的破布当背带，背着弟弟去上学。弟弟经常尿尿，导致她的背部发红肿痛。上课时，弟弟时常哭闹，于是老师让她坐在门边的座位，方便她到教室外安抚弟弟。杨英说："上学太不容易了，所以我的拼音学得不好。"

杨英4年级时就辍学到闷热的砖厂工作，每天的工资是1元，她得用这些钱解决一日三餐。她经常挨饿，不仅是在工厂的时候，后来到厦大教授家当保姆时也如此。"厦大的老师待我不错，但是他们不知道农民长时间工作，饭量比坐办公室的人大。他们问我是不是吃饱了，我不好意思说没有，因为我吃的已经比他们多了。所以我经常挨饿。现在，我会保证让员工吃饱饭。英才学校的食堂是非盈利性的，价格是其他地方的一半。"

海蛎和鱼

雇杨英当保姆的厦大老师不许他们的儿子喝汽水，因此每天放学后，这个"小皇帝"就软磨硬泡地要杨英给他买一瓶，否则就不肯自己爬6层楼梯回公寓。"这对我来说不容易，因为当时我一个月只挣22元，但是我别无选择——直到我看市场上有人光卖海蛎一天就能挣8到10元！"

杨英希望找到一份能让自己吃饱穿暖的工作，所以她辞去了保姆的工作，开始卖海蛎。卖海蛎两天挣的钱就抵得上她照顾那个迷恋汽水的小男孩一个月的收入，但让她气馁的是，海蛎旺季在清明节（4月5日）之后就结束了。于是她试着卖鱼干。"但是我对鱼和对海蛎一样，完全不懂行。我买的鱼是用来喂猫的，不是给人吃的。当天我亏了10元，回家大哭了一场。"

后来，杨英搬到了岛外的海沧，开始卖面条，并在那里认识并嫁给了当时还在卖肉的丈夫。"他从太阳升起一直干到太阳落下，杀猪、卖猪肉，这么辛苦，赚的钱却很少，所以我提议改行做批发。我们1986年搬到莲坂，开了一家肉类合作社，很快包揽了厦门70%的肉类生意，但是工作很辛苦。"

虽然杨英已经是"老板"了，但是她每天仍从凌晨2:30一直工作到午夜。她和40多名工人一起住在两个房间里，在泥水四溢臭气熏天的猪圈里搭了几块木板当床，挤着睡觉。"猪圈里点了好几排蚊香，不要说蚊子了，人都会被蚊香熏死。我的朋友说，这种条件不是人住的——但是我们不得不这么做。"

杨英的辛劳终于开花结果，但是有钱也有有钱的麻烦，她的暴发户丈夫开始和小姑娘鬼混。最终，杨英和丈夫离婚，她只要了300万，其他的都留给了丈夫。

1990年，杨英创办厦门市聪英实业发展公司，进入商住地产行业；1993年，创办厦门市英发经济发展有限公司，目光瞄准金融业。"那时到处都是机会，唯独缺少资金来利用这些机会。"她说，"所以，1994年4月8日，我创办了厦门市万达城市信用合作社，一直经营到1996年政府接管商业银行。"但那时，她已经拥有了足够的资金和信誉，可以进一步拓展在房地产、教育和生物科技领域的业务。

教育和安眠药

一位朋友告诉杨英，中国的快速发展会导致公办教育资源供给紧张，刺激对民办教育的需求。于是，1995年9月1日，杨英创办了K-12英才学校。"这所学校可不赚钱。学校在杏林，地处偏僻，只有300个学生。从1995年到1999年，我们亏损了5000万元。"但杨英明白，教育对孩子的成长和厦门城市的发展而言非常重要，她不仅没有放弃，反而增加了教育投资。

1997年，厦门市市长洪永世希望杨英创办厦门国际学校，为外籍人士的子女提供教育。杨英说："头三年我们亏损了2000万元，但是我建成的校园只能做学校，没有其他用途，所以我只能咬牙坚持下去，否则之前投入的数亿元就彻底打水漂了。那时我没有买车，住处也不像样，但是从来没有拖欠过教师的工资。"她顿了顿，又补充道："从1997年到1999年，我每晚都得靠服用安眠药才能入睡。"

尽管在亚洲金融危机期间面临财务困境，但杨英拒绝效仿其他国际学校提高学费的做法，她担心这样会损害外国投资者对中国的信心。所以，她非但没有涨学费，还为韩国学生减少了25%的学费，帮助大陆吸引韩国投资。

真正的回报

即使杨英已有超过3000名学生，但学校还是很难实现盈利，只是勉强挣回投资成本。"尽管如此，学校对我来说还是非常重要的。"她说，

"第一，我们需要好学校。第二，我成功创办学校，在政府和企业中建立了良好信誉，人们会更加相信我的商业判断力，会更愿意与我合作。"杨英女士一笑，补充说，"第三，要把目光放得长远一些。如果孩子们在我的学校接受几年的教育，喜欢而且欣赏这里的一切，那么，10年之后他们成为领导者，就有可能会与我合作共事。我们的毕业生已经遍布全球，像天上的星星一样在各行各业熠熠生辉！"

中国国际学校的楷模

杨英坚持高标准的人才录取，建立优渥的薪酬体系，终于得到了回报。2005年，一名英才学生摘得福建省高考状元的桂冠；2006年，又有一名英才学生荣获厦门市状元。"我们的毕业生有的在哈佛，有的在耶鲁。"杨英说，"可以想象，我们学校的30周年校庆将是多么辉煌啊！"

厦门国际学校成为中国首批开设国际文凭（IB）课程的学校之一，而且是中国所有通过认证的国际学校里收费最低的。这所学校不仅通过了美国西部学校和学院协会（WASC, Western Association of Schools and Colleges）的全面认证，还达到了中国教育部基础教育课程教材发展中心的标准。教育部基础教育课程教材发展中心的一位官员在参观了厦门国际学校后评价说，在遵守会计、人力资源实践和法律等的认证标准方面，"厦门国际学校是中国所有国际学校的楷模。"

杨英被誉为教育领域的革新者，但她却十分谦虚，"我不干涉学校的日常事务，因为管理人员是专业行家，而我不是。"然而，副校长魏伟强似乎不同意这种观点，他认为杨英女士的意见远比她自己意识到或承认的要宝贵。

对教育的担忧

杨英对教育一直都抱有很高的热情，同时对今天年轻人错误的教育观念感到担忧。"许多年轻人认为，自己受过高等教育，就凭这点一毕业就应该稳拿高薪。大学生抱怨找不到工作，其实真正的问题是他们眼高手低。农村乡镇和广大农民需要大学生的帮助。他们应该从那里干起，逐渐提升。

"我的座右铭是'认真第一，聪明第二'。求职者如果太早提出待遇的问题，我是不会雇用他们的。我希望他们首先展示自己的才能，即，能为我做什么。我给他们的起步工资相对较低，但是确有真才实学者，我会给予丰厚的报酬。例如，有个员工的工资仅在一年内就翻了一番。"杨英是在经历了惨痛教训之后才学会这个道理的，她说："几年前，我花50万年薪请了一名员工，但他创造的价值只值10万元。最终我解雇了他。他到现在为止都还没有找到另一份工作，因为没有人愿意支付他自认为合理的薪水，而他也不愿意从较低的工资干起。所以我现在更加谨慎地对待员工工资了。"

本科生和硕士研究生

"我的一个员工毕业于清华大学，另一个毕业于职业教育学校。后者没有显赫的文凭，但能兢兢业业做好本职工作，我很看好他，很快就让他升职了。前者虽说是清华硕士，却只在他感兴趣的方面刻苦工作，在其他方面推脱敷衍，所以我让他走人了。"她补充说，"有时，本科生的表现超过硕士毕业生。硕士毕业生眼光太高，而本科生依然抱着学习和成长的心态，能够掌握两个最重要的课题：一，如何吃苦；二，如何工作。现在我明白，最好的办法是雇用优秀的本科生，让他们磨炼三到四年，再由公司出资送他们去读研。这样培养出的研究生才是我们需要的人才。"

不要借口，要结果

"我要结果，不要借口。"杨英说，"你可以怪下雨天害你上班迟到，你也可以看到要下雨了，就提早出门。这都是你的选择。人人都会摔倒，重新爬起来就好。如果你摔倒受伤了，但是努力站起来，那么亲戚或朋友都会来帮你。但是如果你自己都不愿意努力站起来，就没人能帮你了。成功的关键是：一抓住机会，二能吃苦，三讲诚信。"

直面人生

杨英担心今天的年轻人缺乏吃苦的能力。她分享了一个12岁孩子的故事。父母劝他不要上网玩游戏，要学习，小孩回答道："如果你们想控制我，我保证你们会断后。我会从屋顶跳下去！"中国每一个独生子女家庭的父母都会对这种威胁感到头疼。杨英说："有些小孩很自私，也被宠坏了。有些人选择自杀，对他们来说，自杀很容易，死了就一了百了，看不到后果，最后是他们的家人承受痛苦。我们需要教导小孩面对问题而不是逃避，让他们学会坚持，自立自强。"杨英的儿子在英国留学时抱怨其他中国学生的银行账户里都有几万美元，而他只有不到500美元。但杨英不为所动。

杨英的儿子参军时，朋友们建议她去一趟军营为儿子打点关系，好让儿子一切顺利。"我没有这样做，因此很多人批评我。但是我告诉儿子，'你要靠自己，而不是靠妈妈！如果你有能力，你不需要我帮助。如果你没有能力，我会把财产都捐赠给社会，因为你没办法管理它们！你要自立自强。'"

杨英让我想起了中国近代伟大的爱国主义者林则徐。我曾在一部关于林则徐生平和第一次鸦片战争的电视剧中扮演时任英国全权代表和英军总司令乔治·懿律（George Elliot）。这位杰出的爱国人士说过一段让我很喜欢的话："子孙若如我，留钱做什么？贤而多财，则损其志。子孙不如我，留钱做什么？愚而多财，益增其过。"这段话的意思是说，儿孙后辈要么自立自强，要么自甘堕落！

杨英为中国的年轻士兵感到骄傲。"我们国家能够保持安全稳定的原因之一在于军队的作风。看看新闻，不管是面对洪涝、地震还是SARS，我们的士兵总是冲在最前面。"这也是她捐赠数百万元用于支援军队救灾的原因。杨英非常爱国——但是她的爱国是理性的。

孝顺和爱国

"一些人扭曲了爱国的观念。他们说'国家第一，家庭第二'。但是，一个连自己父母都不关心的人怎么可能会关心国家呢？有个同乡来找我，希望我给他的儿子安排一份工作。我问他是否有赡养母亲，他说：'不需要。我每个月都给她150元。''但她已经60多岁了！'我说，'150元只够她勉强过活！'听到这里，那人匆匆离开了。"

杨女士在全国资助了很多慈善事业，但是她的善心始于家庭。她住在一栋4层楼的房子里，房子里装了电梯，但不是为了讲排场，而是给她年迈的父亲用的。她还把工人当成家人。当了解到我家从1988年开始就没有换过保姆时，她喜笑颜开。"这件事情比其他任何事情都更值得我尊敬您！"她说，"我家的保姆从1990年以来就没有换过，我也从来没有想过要换掉她。我给她买了房子，她的丈夫在英才学校工作。我的许多工人已经跟了我几十年了。工人的表现取决于雇主如何对待他们。"

换位思考

为了给英才学校聘请最好的老师，杨英曾专门拜访厦门大学校长。"不管是找保姆、工人还是老师，我都要找最好的人。"她说，"我也公平对待他们，给他们优渥的薪水，因为我的成功取决于我的员工。不管我做什么，我都尽力站在别人的角度看问题。当我创办学校时，我首先从父母的角度来看待它——我希望为我的小孩创造什么样的环境？我也从老师的角度来看待它——我希望在这里工作是什么样的感受？我尽力为他们提供最好的一切，作为回报，我也希望他们能够为我竭尽所能。我希望他们有工作压力，但不会觉得压抑。身体累不要紧，但是心不能累！"

灵魂伴侣

1999年，杨女士再婚，第二任丈夫是清华大学的建筑学硕士。"我丈夫跟我一样：勤奋刻苦，生活节俭。他每天读书做研究，从晚上9点一直到深夜。我俩都明白，无论做什么事，勤奋和坚持都是成功的秘诀。

"他是一个富有同情心的人。一天夜里，我已入睡。他急切地弄醒我，我还以为他发现屋里有蛇。其实，他只是为了告诉我，他非常同情一位妇女的遭遇，那位妇女的4个孩子都因患白血病而去世，当时正在向社会求助，她需要钱救治第5个患病小孩。于是我们立即送去了15万元。"杨女士说，"我已经向穷人和病人捐赠很多钱财，但像基督教事工那样，到贫穷国家去，当面帮助那儿的人民，我还做不到，对我来说太难了。"

我礼貌地表示不同意，世上哪有什么事情会难倒这位了不起的女士呢。

杨英再婚后，稍稍放慢了工作节奏。她说："我不再一天工作那么长时间了。"她上午到办公室打电话、做计划、了解项目进展，午餐后在跑步机上跑步1小时，"工作三天，休息一天——我不想过得太累！"现在，她把更多时间用来陪伴家人。

成功的秘诀

在拜访快结束时，我再次请杨英透露她的成功秘诀，但她还是坚持，成功的唯一秘诀是设定目标，努力工作，绝不放弃。她说："当听到一半的清华毕业生没有目标的时候，我吓了一跳！目标和态度决定一切！1982年，我的目标是每个月挣22元，这样我就可以寄10元回家供弟弟读书。今天，我的两个弟弟都已经读了大学。当下我最大的愿望就是建成一座骨髓库。"杨女士有崇高的目标，她认为中国是她实现梦想的最佳地方。

中国——充满机遇的国度

杨英说,"我经常到国外出差,但是我绝对不会申请外国护照,也不会在国外投资。我的钱是在中国挣的,因此也会留在中国。我会同意我的孩子到国外读书,但是我不支持他们待在国外,因为中国的机会比世界上任何地方都多。我们有日益增长的庞大市场,稳定的政治和社会环境,以及廉价的土地资源和劳动力成本,创业成本低,税收也比欧洲低。我不明白为什么当全世界都想涌来中国做生意时,我们的年轻人却想要在国外挣钱!中国的机会比欧洲或美国要多得多。要抓住机遇就必须设定目标,努力工作,吃苦耐劳,永不放弃。"

"中国也很安全!"她说,"中国人在其他亚洲国家常常遭绑架,但我可以无所畏惧地在中国街道上行走。我们的新闻不会集中报道负面的社会问题,过多的负面报道会让人焦虑不安。世界其他地方都令人感到担忧,但中国却是安全和平的。在这一点上,世界上没有哪个国家能比得上中国。"

"现在,中国基本上已经是市场经济国家。"她说,"比如,在晋江和义乌,90%的企业都是私营企业。现在,人们可以买飞机,买游艇,买码头——只要能买得起,什么东西都可以买。"

一个下午的长谈让我受益匪浅。临别时,杨女士赠送了我一些好茶,并向我承诺:"潘教授,您的孙子长大读书时,可以免费来厦门国际学校就读!"

我的小儿子和他的妻子正在非洲做医疗志愿者,我想他们的孩子近期内没法到厦门国际学校上学。但我的大儿子香农(Shannon)打算从哈佛毕业后同妻子米琪（Miki）一起回到中国——我盼着有一天能接受杨女士的提议！

6

格日乐
靠做小吃供女儿上大学的蒙古族母亲

  1994年，我驱车带着全家环游中国，驶经内蒙古，目之所及似乎只有一种颜色——泥土的颜色。田野里尘土飞扬，泥路坑坑洼洼，路边的房子和当地拴蒙古马的马厩也被风沙笼罩，我看把这儿叫作"泥蒙古"更为贴切。入蒙的第一天傍晚，我们的白色面包车就沾满尘土，变成泥土色的了。待到第二天，就连坐在车里的人身上也溅到了泥点。

  驶入内蒙古，宛若进入一条时光隧道，一两百年前的光景倏然呈现在眼前。就算看到成吉思汗的后裔从天边踏马奔来，猛扑至我们的车旁，我也一点儿不会感到惊讶。

  今日的内蒙古大草原广袤无垠，生机勃勃，充满神秘色彩。但在1994年，这里阳光毒辣，寸草不生，我很惊讶人和动物竟能在这种条件下存活下来。当时的我还无法想象，短短20年，中国庞大的基建项目会给这个地区带来翻天覆地的变化，让当地人过上自给自足甚至富裕的生活。

我将1994年和2019年两次拍摄的照片进行比较，发现两者有着天壤之别。坑坑洼洼、泥泞不堪的道路已被设计精当、景观优美的公路所取代，与福建省的别无二致。更令人惊讶的是，如今公路两旁种满花草和灌木，公路中间往往还有隔离带，郁郁葱葱，美不胜收。和中国其他地方一样，富有进取精神的内蒙古人充分利用基础设施改善所带来的机遇，顽强生存，努力拼搏，创造财富。其中最令我动容的是一位蒙古族母亲格日乐，她向我讲述了自己一路从赤贫走向富裕，并靠制售内蒙古传统小吃供女儿在厦门大学读书的故事。

我们驶下高速公路，穿过一排排由木头或水泥仿制而成的蒙古包，这些蒙古包供游客居住，以使他们不用自己动手搭建，就能轻松体验蒙古族的生活习俗。格日乐在前方迎接我们，她笑着朝我们挥手，仿佛我们是她多年未见的亲戚。尽管我在1994年环游中国之时，每到一处地方，都受到过热情款待，但格日乐的举动还是不免让我受宠若惊。中国人素来热情好客，待人和善，这点让我惊讶。

格日乐邀请我们进屋，她家的房子是用混凝土建造的，宽敞的窗户正对着草原。她先摆出几碗平时贩卖的内蒙古小吃招待我们，接着开始讲述她的故事。有好几次，她一边回忆着往昔的苦难，一边声泪俱下，旋即又展开笑颜，装出一副坚强的样子。这一幕让我为之动容。

"几十年来发生了巨大的变化。"她说，"小时候，我家有一群羊。羊群数量巨大，只不过归国家所有。我们通过放牧来挣工分。我9岁就成为牧羊人了，开始是替父亲分担活计，到14岁就全部自己一个

格日乐——靠做小吃供女儿上大学的蒙古族母亲

2019年7月10日，潘维廉于内蒙古希拉穆仁草原采访牧民格日乐。（朱庆福 摄）

人做了。在寒冷的冬天里（平均气温为零下10至23摄氏度），我穿着破破烂烂的薄衣裳……"

她止住了话头，陷入沉思，然后又抬起头来，看到我们在等着她开口，便咧嘴笑着说："但现在的生活非常好！政策也非常好——比以前好多了。"

"为什么说现在的政策好？"我问道。

格日乐笑了，"我没读过书，但中国的进步和发展就连我这种文盲也看得见。跟我小时候相比，变化太大了。"

"您有几个兄弟姐妹？"我问道。

"我父母的住处离这儿只有30公里,他们生了六男三女。两个哥哥去世后,我就算是家里的老大了。一个妹妹曾在呼和浩特铁路局工作,现在退休了,另一个妹妹已经嫁人,丈夫在四子王旗当老师。

"家里的几个兄弟姐妹都上过学,只有我和一个妹妹例外,父母亲认为我没有必要读书,因为女孩子总归是要嫁人的。我的兄弟们在学校填不饱肚子,所以我9岁就开始帮家里放羊,还要每天骑驴赶8公里路,到学校给他们送馒头和煎饼。我那时个子小,根本不敢自己从驴子上下来,因为一旦下去就再也骑不上了。从家里出发时,父亲把我抱上驴子,等我把吃的送到学校,我的兄弟再把我放回驴背,好让我回家。这段路并不好走,却是我每天的必经之路。一回到家,我就得帮着照顾其他孩子,还要帮着放羊——但艰苦的条件教会了我要辛勤工作!"

"为什么条件那么艰苦呢?"我问道。

"在集中管理的制度下,生活非常艰难。"她说,"我们每天都为了挣工分而工作。到了年底,如果整个集体赚了钱,那么一个工分可以兑换约1块钱,甚至可能更少;但如果集体赔钱了,工分就没有用了。

"20年前,我们全家还住在一间小小的土房子里,现在这所房子是我儿子20岁时建的,一晃我都在这住了19年啦。我儿子非常节俭,把能省的都省下来,攒钱盖房子、结婚。但后来我儿子出意外,死了。"格日乐说着说着就落泪了。厦大的介老师赶忙递过一张纸巾,让她擦眼泪。她缓了好一会儿,才继续说道:

"我有一儿一女两个孩子,儿子在20岁时意外去世。如果他还活着，今年该有 39 岁了。

"意外发生在冬天，那时我女儿的寒假刚开始没几天。儿子在医院躺了 20 多天，我为此花光了积蓄。新年过后，马上就要开学，我四处向人借钱，好不容易凑足 900 元，才能送女儿去包头读书。我很担心她不能通过高中入学考试，因为哥哥的死对她打击很大，那些日子她终日以泪洗面。但她告诉我，'我已经哭了整整一个星期。我现在必须止住悲伤。'她确实做到了。她埋头苦读，最终考上了高中。"

就在格日乐的女儿进入大学时，她姨妈的一个儿子也不幸在事故中去世。格日乐的女儿再次遭到打击，悲痛万分，因为表哥是除了亲哥哥以外与她最亲近的人。"她好不容易才考上外地的大学。她学习刻苦，生活节俭，从不乱花钱。当她进入厦大读书后，我们家的经济状况已有所好转。当时我已经开始卖内蒙古传统小吃。我做的东西味道正宗，客人尝过之后都争相购买。"

"是什么促使您女儿如此努力学习？"我问道。"您刚刚说到，她考上大学并不容易。"

"也许有两点。"格日乐说，"第一，我极力鼓励她。第二，我从来不让她知道家里没钱。她哥哥死后，我甚至凑不齐买 50 个馒头的钱过年，我试着向其他牧民借钱，但他们靠放羊每月只能赚三四百块。3 月 1 日就要开学了，可我压根儿没钱交学费。我去找一位叔叔，他有工作，每月能挣 1000 元。他借给我 900 元，让我送女儿去包头读书，可是再有钱一点的人就不愿帮我了，他们认为我永远还不了钱。换句话说，那些有钱人认为我一无是处，看不起我。我知道不该说这种话，可我就是忍不住。"

"到了今天,越是贫穷的人,我就越是乐意给予帮助,因为我理解他们的处境。我自己也有过困难的时候。在我需要帮助时,富人只把我看作一个没了儿子、生活没有希望的44岁女人,是穷人向我伸出了援手。"

"这让我想起了我们家的保姆李西。"我说,"她小时候想要上学,但家里不让。后来,她用挣来的钱买了纸和铅笔,开始自学。多年后我才发现,尽管我们当时给她的薪水不高,她还是省下了一部分,帮助她在安溪老家的家人——哪怕他们曾待她如此刻薄!"

"我父母也说我可以自学。"格日乐说,"但是他们没有给我买纸和铅笔。而且,没有人教,我怎么学会写字呢?再说,弟弟妹妹都在上学,我每天都要花很多时间骑自行车接送他们。

"那时的生活非常艰苦——不仅是我,家家都是这样,因为生太多孩子了。直到我这一代,少数民族才开始少生孩子。总的来说,现在的生活非常好。"

"现在看来,生活有了很大改善。"我四下打量,这间屋子宽敞明亮,充满现代气息,屋前停着几辆摩托车,旁边还搭有供游客居住的仿制蒙古包。

"如今我们镇上出了有钱人。当然,不是我!"她说着笑了起来,"但我们都很努力。我喜欢工作,不愿闲着。我只有一个愿望——孩子能多掌握点文化知识。我没上过学,因此很羡慕那些能读书识字的人。我女儿很爱学习。"

这番话让我想起了我的老朋友杨英女士,她来自福建南部地区,说自己读到4年级就辍学了,没受过什么教育。她的梦想是在厦大教

格日乐——靠做小吃供女儿上大学的蒙古族母亲

授家当保姆，每月挣 20 来块钱，这样就可以寄 10 元回家。但时至今日，她在中国许多地方创办了国际学校，成立了一家生物科技公司，还为教育和扶贫事业捐出数亿款项。和格日乐一样，杨英称自己没受过教育，但我认识许多受过高等教育的人，他们的素养和心胸却远比不上这两位女士。

"现在政策非常好。"格日乐继续说道，"我丈夫和我都 60 多岁了，每月都能领到养老金。"她还解释说，由于环境恶化，国家限制放牧，但给予牧民每人每年 5000 元补贴。"虽说这些补贴能满足我们吃穿的基本要求，我还是找了些活干，多赚点钱补贴家用。"

她的女儿已经顺利完成研究生学业，还结了婚，丈夫在北京中央人民广播电台工作。"他以前在内蒙古放羊，"格日乐说，"后来在呼和浩特市文学艺术界联合会工作，没多久就被央广聘走。他是通过考试被录用的。"

"您夏天住在草原上，到了冬天住哪里呢？"我们学院的党委书记戴莹问。

"我们现在一年四季都住在这里。"她回答道，"冬天用炕取暖。"

"冬天你们吃什么？"戴莹问道。

"镇子离这里也就四五公里，要是雪下得小，我们就骑摩托车外出采买。要是雪下得大，我就不能骑车了——毕竟我都 60 岁了。但为了好过冬，我们会提前囤好粮食——土豆、萝卜、面条和牛羊肉。把肉剁碎，再加入土豆，就能煮出美味的炖菜。我们也会下面条、蒸馒头或烤蛋糕吃。我想，我们现在吃得不比你们差！我们甚至可以吃米饭和炒菜——不过我们做的菜可能不如你们的好吃。"

她嘴上谦虚，其实厨艺一流，这点我们在午餐时发现了，怪不得她自制的内蒙古小吃那么受欢迎。

"我23岁时来到这里，当时大家都很穷，习惯吃'大锅饭'。至少没有人挨饿。但在我25岁时，羊群被承包到户，每家分到几十只，人们也不再像以前那样随处放牧了。夏天，我们到离这里几十公里的下营盘放牧。家庭联产承包责任制刚开始实施时，有些人很担心。每个人可以分到3只羊，我家3口人共分得9只，养在几亩地里。我们没有工具，也没有钱去添置，只得相互借用。谁家有牛的，就会借给有犁的家庭帮忙犁田。由于大家齐心协力，境况每年都在变好。之后，我开始用牛奶制作内蒙古传统小吃，自己吆喝叫卖，四处招揽客人，还给旅游团免费品尝。但后来一些导游向我索要回扣。"

"您给了吗？"我问道。

她笑了。"我告诉他们，'有些客人会买我的东西，但许多人只图免费试吃，什么都不买。如果我给你回扣，那么免费试吃的东西谁来付钱？要是你肯付这个钱，我就给你回扣！'"

格日乐的小吃虽是手工制作的，但她会严格管控整个制作过程，还采用专业包装，质量和卫生都有保障。"监管非常严格。"她说，"我做小吃是因为国家限制放牧。在内蒙古西部，人们仍然可以在广阔的草原上过着游牧生活，但我们这里的草原太小了，过去10年发生了9次旱灾。限制放牧是有道理的，以免草原遭到破坏，再也无法恢复。我们这里依然要靠天吃饭，有雨水才有希望。尽管我们的草原面积很小，还是没办法进行人工灌溉。"

福建摄影师朱庆福先生问道："内蒙古有一些地方草原沙漠化非

常严重。这里的情况如何？"

"这里自古以来就是草原，不是沙漠。"格日乐回答，"但水土大不如前了，以前人和牲畜都比较少——一个镇子约有30户人家和1000只羊。现在，每户人家都有80到100只羊，数量远远超过牧场的承受能力，所以国家限制放牧，并发放补贴作为补偿。"

"现在一只羊能卖多少钱？"朱先生问。

"我不确定。"格日乐回答道，"现在牛和羊都卖得很贵。去年，我卖了几只羊，每只2000多元。现在只剩下被我关在前门畜栏的那几十只啦。我很少卖这些羊，除了卖给我女儿的厦大同学。他们不爱吃用加工饲料喂养的圈养羊羊肉。他们认为我们这边的羊是自由散养的，因此肉质更加鲜美。"

"美国也是这样。"我说，"人们把动物关在狭窄的地方，脱离自然环境，还给它们喂各种各样的激素和抗生素，让它们不生病、育肥快。现代肉类其实满是化学物质。"

"是的，所以我的羊很畅销。去年，我女儿的一个同学想买羊肉，但我已经卖完了。我给女儿的婆婆打电话，她婆婆也养羊，便卖了一只给那个同学。"

格日乐领我们参观了她那宽敞的现代化厨房，然后为我们精心准备了丰盛的午餐，各种菜色琳琅满目——古时可汗吃的也不过如此吧。酒足饭饱后，我们驱车离开。格日乐站在门廊上挥手目送，直到我们消失在她的视线里。

格日乐甘于为子女牺牲，从不透露家里一贫如洗的状况，努力供女儿读完高中、大学甚至研究生，这让我深深感动。我采访过许多学生，他们的故事也甚是鼓舞人心，无一例外。我热切地希望将这几十个梦想家的故事汇编成书。

我很荣幸能与中国的年轻一代交流这么长时间，因为他们正是实现中国梦的中坚力量。但是，如果没有像格日乐这样无私奉献、勇敢无畏的人，这个梦想恐怕也不会实现。

最后，我想简单说说游牧生活。许多外国媒体一面哀叹中国各地游牧民族的生活方式变迁，一面指责中国由于过度放牧导致环境恶化——尤其是西藏的高原地区，那里是世界许多大河的发源地，一块被破坏的草地可能要花几十年时间才能生长回来。当然，这个问题并非中国所独有，也并非近年才出现。

早在19世纪就有人写道，美国亚利桑那州曾有广阔的草原，绿草如茵，长势茂盛，高度可及马肚，但由于过度放牧，草原成了一片荒漠。直至最近，科学家仍认为这种荒漠化不可逆转，但只要给大自然一点机会，它或许就能凭借自身的复原力恢复。禁止或限制放牧之后，草原才能开始恢复往日的生机。

禁牧休牧政策削弱了游牧民族的传统文化，改变了他们的生活方式，这虽然遗憾，却别无选择。我遇到过不愿放弃游牧生活的外蒙古人，他们的土地不断退化，牲畜不断死亡，子女为寻找更好的牧场而不断迁徙。

幸运的是，中国在努力寻找万全之策，以保护环境、保障生计，同时尊重游牧民族的文化。内蒙古、西藏和云南西部的深山峡谷是热爱唱歌的傈僳族的聚居地，他们采用的是刀耕火种的传统耕作方式，容易使环境遭到破坏。于是政府聘请了数以万计的环境修复专家，教当地人如何成为护林员或河流生态保育人士，肩负起保护环境的责任。

动植物种群逐渐恢复，包括许多被认为"拯救无望"的濒危物种。曾经的游牧民如今过上了更舒适、更安全的生活，他们不仅对此心怀感激，还为成为"环保专家"而感到自豪。毕竟，这些游牧民族虽然过着简朴的生活，却并非愚昧无知。在气候变化问题日益严峻的背景下，他们亲眼看到自己过去的生活方式不可持续，难以长久。今天，他们对自己的行为引以为傲，他们不仅保护了先祖留下的土地，还为子孙后代留下更加美好、更加健康的环境。

在我看来，这是人类与自然的共生共赢之路。

当然，中国也犯过错误，但它以系统的方法处理环境、经济和健康问题，从错误中吸取教训，不断奋力前行。希望世界其他国家能借鉴中国的经验。

张放
内蒙古环保抗争的记录者

"每个电影人的一生,至少都有一个注定要讲述的故事。对我来说,这就是我要讲的故事。这是一段意义非凡的旅程。"
——丹·克劳斯(Dan Krauss),奥斯卡最佳纪录短片提名作品《凯文·卡特之死:枪声俱乐部的伤亡》(The Death of Kevin Carter: Casualty of the Bang Bang Club)导演

如果真如丹·克劳斯所说,每个电影人都是为了讲述一个故事而生,那么摄影师张放先生定是为了记录中国的荒漠化问题而生。他凭借着热情与毅力,跋涉4万公里,穿过一片片沙漠,走近那些因荒漠化而失去土地和谋生手段的人,与他们共同生活。在平衡经济发展与环境保护的同时,尽可能保留传统的生活方式,这个任务着实令人生畏,以至于张先生说,他有时感受到了摄影师凯文·卡特当年的沮丧。

凯文·卡特因在苏丹拍摄的一张照片获得普利策新闻奖，作品内容是一个饥饿濒死的女童跪倒在地，而秃鹫立在后方，虎视眈眈，等待猎食。但在获奖仅4个月后，凯文·卡特就在绝望中自杀身亡。

张放记录内蒙古的环境问题和潜在解决方案已有20余年，但仍保持着乐观的心态，还热衷于分享他在沙漠中的见闻，以及对人们在沙漠中顽强求生的看法和感悟。

"您能讲讲您的所见所闻吗？"我问张先生，"是什么促使您投身于生态保护事业？"

"我之所以开始用照片进行记录，"张先生解释道，"是因为沙尘似乎无处不在，席卷各地，就连北京也未能幸免。但我不知道这些沙子从何而来，又为何会扩散。所以，我开始查阅社会调查的相关文献，后来在费孝通的论文中获得了启发。"

费孝通是中国著名的社会学家和人类学家。他最初的专业是医学，但就像本想以学医来救国救民的鲁迅一样，他也认为学医无法解决中国最根本的问题，需要从精神层面入手。2002年，费孝通在接受《中国日报》的采访时表示，"我放弃了治疗人类身体疾病的终生目标，转而追求治疗社会疾病和解决不公正问题这一更宏大的目标。"[5] 费孝通放弃医学，从事社会学和政治学研究，并从20世纪30年代开始关注农村发展。1939年，《江村经济》（Peasant Life in China: A Field Study of Country Life in the Yangtze Valley）一书出版，这是费孝通撰写的博士论文，调查对象是他出生地附近的一个村庄。

---

[5] https://www.chinadaily.com.cn/english/doc/2005-04/27/content_437888.htm

"我在内蒙古文联所属的摄影家协会工作。"张先生说,"2000年,我获得3年假期,因此能够深入沙漠腹地,采访饱受荒漠化问题困扰的人。我是自费这么做的。当时,我每月的薪水只有600元,于是内蒙古自治区党委宣传部给我开了封介绍信,上面写道:'张放同志要到沙漠地区进行采访,恳请各机关单位予以大力支持。'如果没有农业、林业、畜牧等行政部门和其他单位的帮助,我恐怕连住的地方都没有。

"他们为我准备了交通工具,甚至还安排了一名沙漠向导,但等我到了那里才知道,牧民的生活节奏比我想象的还要慢。与人约定会面时间十分困难,因为他们经常会完全忘记约定。"

我俩之间隔着一张桌子,张先生把一本大开本的摄影集放在上面。"这本摄影集我已经编好了,讲的是从黄河流域到长城地区的荒漠化问题。书还没有出版,但我已经举办过两场以荒漠化为主题的展览——一场在北京,一场在呼和浩特。"

张先生指着一张照片说道:"这是在磴口县,离呼和浩特约350公里。照片里的老人原本住在自然环境优越的地方,但沙漠不断侵蚀他的家园,他一连搬了3次家,最后被迫在黄河边上安了家。如果这种情况继续下去,他们就真的无处容身了。您可以在照片中看到他的羊群,但它们没草吃,只能啃食断枝和树皮。他的房子后面除了沙子,什么都没有。他要怎么活下去呢?我们怎样才能阻止荒漠化愈演愈烈,让他不用再一次遭遇被迫搬家的境遇呢?"

荒漠化破坏了整个内蒙古的土地,也威胁到人们的生计,其规模之大、影响之深,令我十分震惊。"当地的内蒙古人问我,'我们能做些什么?'"张先生说道。张放并非这个领域的专家,但他希望通过自己一丝不苟的记录引起决策者的注意，从而促使他们投入资金，解决这个问题。

张先生说："这本书图文并茂，揭示了荒漠化问题。在最后一节，我解释了造成荒漠化的原因，并提出了解决问题的建议。我曾与生态学家分享我的发现，这本书提到的不少想法正是来自他们。但是，最关注荒漠化问题的不是生态学家，而是科学家钱学森，他为中国原子弹和导弹领域的发展做出了不可估量的贡献，同时他也非常关心我国的草原。这张照片显示，内蒙古的草原曾经非常茂盛，但在牲畜的践踏和啃食下，植被逐渐被破坏。那时的路不好走，汽车随意穿行碾轧，破坏了草皮。现在，每个村庄都铺有平整的沥青路，至少这个问题解决了。"

"您大约是在 15 年前编这本书的。"我问道，"从那时到现在，情况有什么改善吗？"

张先生回答道："以前人们只关注生存问题，而现在大家意识到问题存在的原因了，这是件好事。现在，人们摒弃了会破坏自然环境的传统放牧形式，转向现代畜牧业。但是，仅仅依靠禁止牧民养殖，让他们完全依靠国家补贴来维持生计，这是不现实的，也并非长久之计。牧民必须掌握新的谋生手段，实现自给自足，国家已经意识到了这点。在这张照片中，您可以看到牧场曾遭到严重破坏，后来又重新覆盖上茂密的植被。"

"这个牧场是如何恢复的？"我问道。

"最大的功劳来自习主席，他强调在改善民生的同时，也要保护自然环境。"张先生回答道，"尽管人人都意识到了环境问题，也迫切想要寻求解决办法，但如果没有系统、详细的调查和研究，一切都无从谈起。一些地方的情况有所改善，这表明荒漠化是可以治理的，问题在于如何在保护生态的同时，帮人们找到不会对脆弱环境造成破坏的谋生之道。"

"是的，我所在的福建省也有这个问题。"我说，"因为环境问题，现在很多地区不准养猪。当地的蒙古人不养羊了，还可以做什么呢？"

"发展旅游业是一条出路。"张先生回答道，"假设一个村子里有200口人，其中50人从事旅游工作，那么整体收入会比放羊高很多，而且荒漠化也可以得到逆转。根据国家法律，面临荒漠化的土地，平均每108亩（1亩约为666.6平方米）才能养一只羊。一旦超过这个限度，发展就不可持续，还会造成荒漠化加剧。我费了一番功夫调查，证实了这一点。"

"我相信。"我说，"美国西南部的亚利桑那州现在是一片沙漠，但150年前，一个牛仔曾在他的日记中写道，那里青草茂盛，高度可及马肚。无节制地放牧羊群毁掉了草原。"

"是的。这在任何国家都是一样的。"张先生说，"一位澳大利亚生态学家表示，澳大利亚的荒漠化纯粹是牧场主的贪婪造成的，他们一直在同一个地方放牧，直到最后一片草被吃光，直到草原沦为沙漠，再也不适宜生存。现在，澳大利亚已对羊群数量加以限制。美国在经历了20世纪30年代的"黑色风暴"（Dust Bowl）后，也开始限制放牧。"

当时，美国遭遇了一系列严重的沙尘暴侵袭，这表明在脆弱的生态环境面前，过度放牧的危害与不当耕作不相上下。大部分平原地区年降水量不足250毫米，农民不懂得采用"旱地耕作法"，而是使用机

2019年7月10日，潘维廉于内蒙古呼和浩特采访张放。（朱庆福 摄）

器在原始表土上进行深耕，破坏了扎根于土壤深处的原有植被。这些植被可在出现干旱和风暴时，起到固定土壤和贮存水分的作用。20世纪30年代的干旱使土壤转变为沙尘，甚至演变成"黑色风暴"席卷纽约市，使平原地区的能见度骤降至不足1米。1935年4月14日，北美大平原迎来了一场可怕的沙尘暴，刮走3亿吨表土，波及面积达40万平方公里，因此这一天也被称为"黑色星期天"。截至1936年，农民每日的损失已达到2500万美元（相当于2019年的4.6亿美元）。

可悲的是，人们并没有从灾难中吸取教训。今天，美国农业巨头仍采用不可持续的耕作方式，导致土地被破坏。

"有个中国农业大学的人来拜访我。"张先生说，"一番详谈后，他对我说，'张先生，我的问题您都答得上，但问题太多了，我们就是再说上三天三夜也说不完。这本身就是个大问题！'"

"张先生，我很好奇您为什么能如此坚持？"我问道，"很多人都意识到了这个问题，但却不像您一样为之投入精力和金钱。"

"其实，我从小就好奇心重，喜欢钻研问题。"张先生回答道，"至于为什么要把这一切拍下来，兴许可以追溯到 1995 年。那年我在外地出差，常常看到秋天的草原上满是肥羊，但入冬后，羊都死了。我问牧民羊的死因，他们总是归咎于羊舍破陋和饲料不好，但我做了一番调查后，发现羊主要死于寒冷和饥饿。内蒙古的冬天冰冷刺骨，羊和人一样难以抵御严冬。不单是寒冷，没东西吃也是问题，所以羊只能刨草根吃，这样来年地上就长不出草了。

"在一次摄影展上，一位同行对我说，'真正的原创故事如金子般宝贵，你要是能把它拍出来，定能在这行有所作为。'我一直想成就一番事业，但苦于不知道拍摄什么主题。在目睹了这些牧民赖以生存的环境如此脆弱后，我便知道如果不拍摄这个题材，我定会后悔终生。产生这个念头后，我一个月都睡不好觉，心里琢磨着要拍些什么、怎么拍、拍完后怎么发布，以及发到哪里。我得自己先想清楚这些问题，才敢把想法告诉别人。

"后来，我把这个想法告诉了领导，他就上报给主管这一事务的部级领导。他说，'这样的题材，其他摄影师都是五六十人一组去拍，但张放同志想一个人去，和老百姓住在一起，探索并记录造成这个问题的原因。这种行为值得表扬，不管有什么需要，我都全力支持。'这之后，所有人都知道我没有回头路了。

"我告诉一个经营图片社的好朋友,我想把荒漠化问题拍下来,他听后脸色苍白,沉默不语。'怎么了?'我问道。他说他也有过同样的想法,但因为资金不够一直拖着没去做。'去吧!'他说。

"您看,很多人都有过这样的想法,但后来没能付诸实践。这位朋友给了我一把摩托车钥匙,说,'快出发,去找人赞助,否则这件事怎么能成呢?'"

"拍摄这些照片感觉怎么样?"我问道。

"嗯,我吃了很多苦。"张先生回答,"草原上的牧民住在蒙古包里,不让我和他们一起住。他们说在后面为我备了间小房子——但其实是个驴棚!我得把驴子赶出去才能睡觉。一些当地人不信任我,认为我会曝光他们的生活隐私。缺钱不是我面临的唯一难题。"

"您后来有赢得他们的信任吗?"我问道。

"有!我借了辆旧汽车,后来花 7000 元买下来了。我独自一人从呼和浩特出发,穿着破旧的衣服,和牧民身上的一样。不这样做,我就永远无法走近他们,无法真正了解他们的境遇。我白天和他们见面,晚上住在小旅馆里,每日房费是 2 到 3 元。一天下来,身心俱疲。我为这本书付出了近 10 年的心血,我的感受可能就像凯文·卡特一样。他拍摄了一张苏丹女童的照片,画面中有一只秃鹫注视着一名快要饿死的苏丹女童,等待猎食。凭借这张照片,凯文·卡特获得了普利策奖,但在获奖 4 个月后就自杀身亡,年仅 33 岁。"

"这一定也对您的家人造成了影响。他们支持您吗?"

"家人确实倾尽全力帮助我。但我是个成年人,而且当过 3 年兵,不想依靠家里的资助。我全部自力更生。让我感到痛苦的是,无论我多卖力地宣传和科普，人们还是认识不到问题的严重性。一些地方领导人担心曝光问题会给他们带来不好的影响。人们的误解和主观臆断伤害了我的感情。我不怕苦不怕累，但对人们的想法感到不安。荒漠化问题的症结还是在于人。我大胆提议不要将荒漠化管理划给林业部门，要成立专门的草业部门。后来中国组建了国家林业和草原局，林草局成立的初衷就是服务于经济建设。

"中国人自古以来就重树轻草。与草有关的词，比如'草芥'、'墙头草'等，都是贬义词。我认为生态管理部门应该归民政部管，因为生态问题与人口布局和人口管理密切相关。比如，生活在牧区的人以吃肉为主。国家需要做好规划，确保在生产粮食的同时，尊重少数民族的饮食习惯。"

"人们听从您的建议吗？"我问道。

张先生耸了耸肩，"很多人觉得这不是我该操心的事，认为我作为一名摄影师，只要拍拍照片，再刊登出来就行了，其他事不必在意——但我做不到。为了把荒漠化问题记录下来，我走了4万多公里，真正和牧民住在一起，和他们打成一片。我多次往返呼和浩特，最西边到过甘肃。我采访了任凤鸣，一个真正的治沙好手。他靠承包450亩地赚了10万元，凑足了供3个孩子上大学的钱。这真的很了不起！他很聪明，也很有想法，知道沙漠中的关键问题是水，于是发明了'梅花井'。他还用土和石头把动物拦在草地外面，防止它们过度吃草，用这种办法使草地逐渐恢复过来。后来，他种植了芦苇，一年后又在芦苇丛中种植果树。到了秋天，他把芦苇割下来卖给工厂，赚了5万元。他反复试验并从错误中学习，终于把一片沙化土地改造成土壤肥沃、生机勃勃的绿洲。"

"他究竟是如何想出这些办法的？"我问道。

"为了生存，他不得不进行创新。他别无选择，只能不断尝试。"

"其他人效仿他的做法了吗？"我问道。

张先生再次耸了耸肩。"非常少。"他说，"人们都说，'如果政府给我钱，我就试试。'所以说，任凤鸣是个真正的英雄。"

"您是怎么找到采访对象的？"我问道。

"林业部门给我推荐了一些人。"张先生回答道，"但我深入了解这些人后，觉得他们身上没有值得我采访的地方。大多数人自己只出了一点点力，然后就依靠政府的大力资助。但任凤鸣没有获得任何人的支持，完全靠自己。他曾经说过，'以色列的荒漠化防治做得很好。如果中国有一万个像我这样的人，我们的荒漠化防治肯定做得比以色列更好。'"

"中国应该如何防治荒漠化呢？"我问他。

"这不是技术问题，而是人的问题——人的意识问题。说到底，荒漠化问题一直属于社会学范畴。两年前，任凤鸣告诉我，'我现在老了，干不动了，孩子们也去了西安和其他地方，他们的日子过得很好，而且年轻人的想法和我的不同。他们想在我的住所建一栋别墅。'我告诉他，这也是一种进步，未来的生态环境将得到更好的保护，他的孩子们也希望他能安享晚年。"

"您认为您做的事是否会产生长期影响？"我问道。

"为了引起相关部门对荒漠化的重视，我跑了很多趟北京的政府部门，鞋子都磨破了。我下定决心要让每个人都意识到这个问题，甚至和一些部门争辩起来。这不是一两个人或几个部门的事，只有大家齐心协力，才能解决问题。一些新华社的朋友看了我的摄影报道，说应该发给全国各地的领导人看。央视一套的新闻节目曾报道过我的工作。那时央视对内蒙古的报道并不多，我记得我的那条新闻就排在几条关于约旦国王的新闻报道后面。

"我的工作影响了内蒙古的领导人，促使他们采取新政策，现在整个国家都在关注生态保护方面的工作。至少现在有些人明白了问题所在，也理解了为什么要采取圈地等措施防止过度放牧。"

"您未来有什么打算？"我问道，因为张先生看起来没有放弃抗争的打算。

"我想等退休后，重走之前走过的路，记录下沿途种种变化。之后，我想出一本有关风土人情的短篇小说集——不是像现在这本书这样的。这本书政治色彩太重了。"

荒漠化确实是一个宏大的政治问题，但坦白说，我无法想象一个在沙漠中跋涉4万公里的人有一天会完全放弃抗争。正如丹·克劳斯所言，"每个电影人的一生，至少都有一个注定要讲述的故事。"我认为对于张先生和我们其他人来说，他生来就是为了启迪我们关注这个日益严峻的全球问题，这就是命中注定，缘分使然。

我很钦佩伊隆·马斯克（Elon Musk）的远见和勇气，他攻克了许多难题，涉及电动汽车、太阳能、地下交通隧道等诸多领域。但当他谈到要将自己的全部财富用于殖民火星，并将其改造成可供人类居住的星球时，我不禁要问，为什么像他这样的人不将自己的才能和财富用于改造我们所生活的这颗小小星球，使其更加宜居？他们表现得好像地球已经无可救药，然而与把人送上死气沉沉的火星并恢复这个星球的大气层相比，恢复沙漠生态所需的资金要少多了。除了成本之外还有其他问题，火星的水资源只有地球的1%，而且火星的辐射是致命的。要将火星改造成类似地球的环境，估计需要1000年的时间——那么何不考虑当下，赶紧修复我们的地球家园呢？

幸运的是，有些人已经开始这样想了，甚至有人说要将860万平方公里的撒哈拉沙漠改造成适合人类居住的地方——这个沙漠的大小与美国国土面积相当。尽管有些人怀疑这能否实现，但许多人表示，中国在内蒙古库布齐沙漠实施生态修复项目，取得了显著成效，给世界带来了希望。该项目为库布齐沙漠引进了70多种植物，经过30多年的治理，库布齐沙漠现在已有三分之一变成了名副其实的绿洲。《时代周刊》指出，联合国环境规划署预计这个项目将在50年内创造18亿美元的价值。在劝说美国不要退出《巴黎协定》无果后，法国总统马克龙表示，"现在由中国领导了。"

当然，我也听到了恢复撒哈拉沙漠可能会破坏亚马孙流域等警告。全球气候是复杂的，但无论还有多少未知的复杂问题，防治荒漠化绝不容忽视。我希望各国政府以及像伊隆·马斯克这样的人，能够学习中国的有力领导，领会张放的美好愿景，在投入数万亿元对失去生命迹象已久的星球进行地球化改造之前，尝试着改造我们的地球家园。

赵璇
来自西安的退休教师

82岁高龄的退休教师赵璇老当益壮，比我还精力充沛。1990年，我第一次去西安，参加一场管理学领域的国际会议。时光荏苒，想必这座城市已经发生了许多变化，因此我很期待能与赵女士聊聊。"您能说说您童年后的生活有哪些变化吗？您是如何成为一名教师的？什么原因推动了中国的巨变？"

赵女士回答道："我出生于1937年，父亲经营一家纺织厂，家里的经济条件还算宽裕。我们不是陕西人，老家在河北，1937年卢沟桥事变后，父亲便带着我们一家人和工厂全体工人逃来西安。"

卢沟桥事变，又称马可波罗桥事变或七七事变，是中日之间的一场军事冲突，被认为是中国抗日战争中的标志性事件。1931年日本侵占中国东北地区，成立傀儡政权伪满洲国。此后，中日矛盾日益激化。

赵璇——来自西安的退休教师

"日本人占领中国东北时，我们还住在河北省邢台市。后来卢沟桥事变爆发，战火迅速烧到了我的家乡，于是我们举家迁到西安。我在这里读完中学，大学读的是本地的西北工业大学，可以说我的青春时光有一半是在西安度过的。大学毕业后，我被分配到北京工作，接着又去了新疆理工学院。后来我被调回西安，因为我父亲住在这里。我学的是机械工程，先后在陕西机械学院和西安石油大学工作，直到退休。我的一生很平凡。可以说，我这一辈子只做了一件事——教书。"

"您刚说小时候家里条件还不错，那么当时西安的整体情况如何？"

"西安比较落后，"她说，"不是很发达。过去，路面满是泥土和碎石。人们的生活非常困窘，经济也不景气。即使在10年前，西安的情况也不是很好，直到近10年才飞速发展起来。"

"为什么近10年发展如此迅速？"我问她。

"不只是西安，过去10年，整个国家都飞速发展。我们的国家政策行之有效。"

"就连农民也这么说。"我说，"许多农民告诉我，中国在过去10年发生了翻天覆地的变化，这要归功于中国的好政策，也得感谢政府了解他们的需求。但是，是什么让这个10年如此特别？"

"'一带一路'倡议带动了西安的发展。现在公共交通非常发达，人们出行十分方便。中国西北地区也在不断发展。作为中国革命的'出发点'，陕北过去贫瘠落后，但当地人民拥有坚韧不拔的顽强意志。如今，陕北发展得很好，整个西安高新区的产业欣欣向荣。高新区收入在西安地区生产总值（GDP）中占很大的比重。

"我任教的西石大是陕西省省属大学,由省政府管理,但近年来许多由西安市政府管理的学校发展得更好。市属学校开出的工资比我们这的还高,这是因为西安的经济发展高于全省平均水平,学校的资金也更加充裕。但我认为陕西省政府不仅要管理西安的大学,还应该帮助其他落后城市的大学。"

"您小时候见证了新中国成立,您看到这前后有什么变化?"

"新中国成立前,中国相对落后。"赵女士回答道。"我们几乎是一穷二白。20世纪50年代,中国提倡'以科技推动社会进步',那时我们的情况还不错,但'文革'期间,我们走了弯路,情况就不太乐观了。改革开放之后,中国迎来了迅猛发展。"

"改革开放后,西安最大的变化是什么?与我1990年第一次来这相比,西安的面貌焕然一新。"

"改革开放初期,中国西北地区落后于沿海地区。像深圳、厦门这样的沿海城市发展相对较好,我的一个孩子就在厦门大学读书。西安的大学很多,但条件不如沿海地区,而且信息相对闭塞,不容易了解中国其他地方的情况。但自从西安高新区成立后,发展速度加快了很多。此外,中国依靠自身的力量实现发展,而不像有些国家依靠侵略别国。"

"中国完全有实力欺凌其他国家,只要它愿意。"我说,"早在3000多年前,中国就发明了许多先进武器,水平之高令我震惊。"

赵女士同意,只要有意愿,古代中国的确可以征服世界。"但中国人忠诚正直,信奉中庸之道,绝不会走上侵略别国的道路。"她说道。

"是的,我赞同。平衡很重要。比如,许多人认为促进外贸发展是习近平'一带一路'倡议的唯一目标,但助力中国西部地区的发展

赵璇——来自西安的退休教师

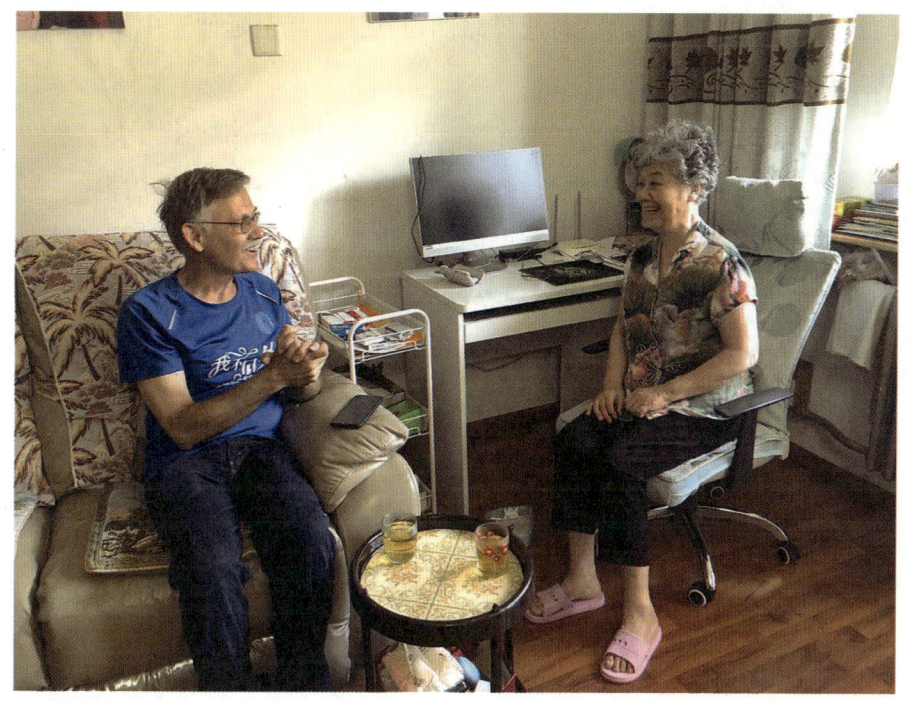

2019年7月13日，潘维廉于陕西西安采访退休教师赵璇。（揭上锋 摄）

也是它的一个重要使命。"

赵女士笑着说，"现在开通了中欧班列，下次我们去欧洲不需要坐飞机了，可以搭火车。"

"那要花多长时间？"我问道。

"嗯，可能会花很长时间。"她回答。

"今天，我们坐火车从香港到北京只要 10 个小时。"我说，"但在 90 年代中期，我从厦门开车到深圳，路上花了 18 个小时，疲惫不堪。在深圳时，公路上铺着碎石头，有卡车开过，会溅起小石块，直直砸

79

向我的挡风玻璃。今天，高速公路四通八达，甚至延伸至中国最偏远的角落。"

"没错。"赵女士表示赞同，"现在中国把道路维护得很好。"

"我1994年开车去西藏，途经西安，那时很多路还是土路，一到雨天就泥泞不堪。但是今天，中国拥有世界上最发达的公路网和铁路网——这也是西安和其他城市蓬勃发展的原因。"

"2009年和2015年，我两次去美国看望长子和长女。"赵女士说，"我从芝加哥坐火车到洛杉矶，孩子们给我买的是卧铺票。卧铺空间狭小，空调温度也开得很低，冻得人瑟瑟发抖。加上空气流通不畅，令人呼吸困难。与中国的火车相比，美国的卧铺实在是有点落后啊。"

"我希望美国的火车有一天能赶上中国。"我说道。

"'一带一路'倡议似乎受到许多国家的认可。"赵女士说，"习主席先提出连接新疆与欧洲的'丝绸之路经济带'，简称'一带'；后经印度尼西亚总统提议，在此基础上提出共建'21世纪海上丝绸之路'，简称'一路'，于是有了现在的'一带一路'倡议。可以说，这是我国和印度尼西亚共同提出的。

"我认为习近平在20年前就有了提出'一带一路'倡议的想法，当时他在福建，知道福建是古代海上丝绸之路的起点。"

赵女士帮我续了茶，接着说道，"这些年发生了很多变化，实际上，我的生活水平一直都还行——当然，现在的条件确实比以前好很多。我的退休金涨了11倍，虽然总额不多，但还在持续增长。中国人口庞大，若每个人的生活水平都能改善一点点，于整个国家而言是不可思议的成就。"

赵璇——来自西安的退休教师

"没错,我赞同。"我说,"今早我看到一位老人在路边散步。实际上,我经常看到退休老人出来走动。他们步伐不快,但看起来身体很硬朗。"

"医疗服务持续改善。"赵女士说,"早些年,中国人寿命没现在长。现在八九十岁的老人不在少数,甚至有人活到了 100 多岁。"

"还有最后一个问题。"我问道,"您说您的生活条件一直都还行,在过去也是如此。那么普通人的情况如何呢?"

赵女士耸了耸肩,"这个我不是很了解。但在我们这里,农民似乎相当富裕,因为他们住在城郊。有一次我去理发,遇见一位已经不再种地的老奶奶,询问起她的近况。她说,像她这样的农民在拆迁后住进了新房,每月靠收租就能轻松拿到 1 到 2 万元——赚得比我多多了!当然,这是一家人赚的钱,但即便如此,郊区的农民现在也很富裕。农村地区的情况可能差一点,但国家对农民实施优惠政策,因为习主席坚持不让任何人的收入低于最低生活保障标准。中国人口庞大,远远多于美国。但这或许是件好事。我们的国内市场巨大,不怕美国对中国实施封锁。"

我说,"我很好奇,中国在过去几十年发生了如此大的变化,但您的生活似乎没有那么大的变化。"

"其实,我的生活改变了很多。"她说,"我的工资涨了很多。大学刚毕业时,我的月薪只有 48 元。"

"您认为中国的未来会怎样?"我问道。

"我认为中国的未来一片光明。"她说,"新事物层出不穷,而且更新换代的速度很快,比如说微信。我不太会用这玩意儿。互联网和智能设备上的许多东西我都用不好,也不觉得真就那么有用,我已经落伍了！变化太快，让人难以适应。年轻人可以跟上潮流，我们老年人就不行了！前些天，我跟一位旧同事说，也许老年人应该直接买自动驾驶汽车，因为我们不会开车，出行很不方便。"

"实际上，我家的车，我两年来也就开过3次左右。"我说，"而且还是为了送去年检。现在出行叫辆滴滴就可以，既方便还不用担心停车位的问题。"

赵女士点了点头。"我不知道未来会怎样，但心怀希冀。我们都希望未来会更加美好。"

"没错。每个人都在谈论中国梦，但其实世上的每一个人都心怀同一个梦想。"

"是的，世上每一个人的愿望其实很简单，就是过上好日子。但特朗普说中国人的好日子过得太久了，他是不是脑子有问题？"

我笑了，"我记得，当中国的乞丐用上手机时，美国的商人都还没开始用呢。现在，乞丐还会出示二维码，方便路人通过支付宝或微信给他们捐钱！但在西方国家，很多人甚至不知道二维码是什么。"

"是的，许多国家不使用微信支付。在中国，就连卖菜的农民都接受微信支付——即使只买一块钱的东西！"

我们又喝了一杯茶，合影之后我才依依不舍地与赵女士作别。她的故事与我听过的截然不同。我从她那里了解到，过去的生活未必那么糟糕。但即便如此，她也和我在中国遇到的大多数人一样，看到了整个国家的巨大变化，她自己的生活也比20年前好得多。她不仅清楚中国的变化，也了解世界其他国家和地区的变化，并为祖国取得的成就感到自豪。相比之下，许多国家的情况甚至比30年前还糟糕。

赵璇——来自西安的退休教师

　　我觉得赵女士应该出山任教，向年轻一代讲授中国梦，因为很多年轻人不知道，他们能有今天的美好生活是件多么幸运的事。

9

卜文俊
西北地区的魏氏砖雕传承人

世界各国都在努力寻找平衡，一面追求现代化，一面保护传统习俗和哲学——地球上没有哪个国家，能比中国拥有更多值得保护的传统习俗和哲学。这个国家的每一寸土地无不积淀着厚重的历史底蕴，无不承载着灿烂的文化遗产。我记得在攀登一座偏远地区的山峰时，觉得在我之前也许从未有人爬上过那陡峭的悬崖，暗喜自己是位开拓者。然后，我迈上了用花岗岩铺成的台阶，才了解到这些台阶是山顶寺庙的一位僧人在1000年前建造的。

享有"亚洲的亨利·福特"之美誉的厦大创始人陈嘉庚非常注重对中国文化的保护。在1921年动工兴建厦门大学时，陈嘉庚确保将东西方文化巧妙融入厦大的建筑之中，以提醒后人，中国应在接受现代国际教育的同时，恪守中华民族的传统美德。

值得庆幸的是，如今中国一片欣欣向荣，各地政府纷纷投入资金，保护当地丰富的历史文化遗产。多个市政府组织编写有关当地文化的教材，为孩子们教授中国传统剪纸艺术或木偶戏表演技艺。但是，一位年轻的木偶戏演员告诉我，有的提线木偶身上系有19条提线，光是掌握基本操作技艺就需要5年时间，很少有年轻人愿意为了这项不赚钱的技能付出这般努力。

　　保护和传承古老手艺和习俗，于全世界而言都是一个挑战，需要自下而上的热情和自上而下的举措。幸运的是，我在中国遇到了许多像卜文俊先生这样的人，他将自己对文化遗产的满腔热忱转化为坚守一生的职业，并向村民传授手艺，为他们安排工作，助他们脱贫致富。

　　"您为什么如此热衷于魏氏砖雕？"我问卜先生。"我在闽南也见过类似的砖雕，但我对它知之甚少。"

　　"我成了魏家的上门女婿！"卜先生笑着说，"我喜欢砖雕文化，我们村里有一户做砖雕的人家，我和那家的女儿结了婚——他们就住在我家隔壁。"

　　清朝末年，甘肃省修建罗家大寺，魏氏砖雕创始人魏孝祖加入其中，给来自河北的3位砖雕大师当学徒，在施工中学到了砖雕技艺，终成一代砖雕大师。魏氏砖雕的第一、二代传承人都不识字，这限制了砖雕技艺的发展，到了魏世祥这一代才有所不同。魏世祥是第三代传承人，也是卜先生的岳父，他念过私塾，又喜欢中国文化，尤其是戏曲，从13岁开始跟父亲学艺。他满怀热情，潜心钻研，使魏氏砖雕以精湛工艺闻名于宁夏及周边地区。

　　"魏世祥告诉我，他担心这门手艺会失传。"卜先生说，"我觉得砖雕是宝贵的传统文化遗产，需要加以保护和传承，尽管这门手艺似乎很难学习。"

"所以,您告诉他,您会将这门手艺传承下去?"我问道。

"实际上,我没有对他说太多,因为魏家信奉'传男不传女,传内不传外'。他们担心,如果把技艺传给女儿,等女儿嫁人,会把魏家秘而不传的要诀也带走。但问题是魏世祥没有儿子,只有女儿。我常和他说,时代已经变了,他需要打破传统观念,与时俱进,如果这门传了三代的手艺失传就太可惜了。"

"那他同意了吗?"我问道。

"没有。他是个很固执的人。1988年,我请了时任隆德县文化馆副馆长张国勤来劝他。但即使有我们两个人做思想工作,他还是没有答应。"

"我理解他的感受。"我说,"我在中国各地遇到过许多住在深山老林里的老人,他们紧紧守着自己的秘诀,生怕他人觊觎。比方说,福建是南少林功夫的发祥地,似乎每个村庄都自诩拥有杀伤力最大的武术,而且从不外传。但我很好奇,您最终如何说服您岳父,让他向您这个外人传授魏家的独门秘籍?"

"是这样的,在拒绝我的那天,他一夜辗转反侧。经过深思熟虑,天亮后,他告诉我,'我现在想清楚了。既然政府支持,我就不能让这门手艺在我手中失传。我决定把魏家的砖雕工艺传给你。'"魏世祥还举行了签字仪式,将这门手艺正式传给卜先生。

"我帮岳父打下手很长时间了,但在正式指定我为传承人后,他才把制作工艺的每一个细节——酿泥、雕刻、建窑、烧制——毫无保留地教给我。正因如此,我才能成为一名砖雕大师。"

"但是,是什么让您愿意传承这门如此难学的手艺呢?"

"首先，我从小就喜欢砖雕。"卜先生说，"我多次参观制作现场，认定这是一门非常宝贵的中国传统工艺。我对这门手艺了解得越是深入，就越发觉得它不能失传。1989年，我在外地干活时，一家电视台采访到我岳父，那时候他还坚持不外传技艺要诀。看了那期采访，我更加坚定了掌握砖雕技艺的决心。回来后，我全身心地投入到砖雕上。

"我在湖北看到一个烧制黏土砖的大师，我有把握我们能比他做得更好。但实际做起来才知道没我想象的那么容易。"

"您灰心过吗？"我问道。

"偶尔会。我在这一行干了40多年，遇到的困难数不胜数。起初我挖了9个土窑，但村里修路建房时毁了。有村民跟着我搞砖雕，但缺乏知识和毅力，半途而废。资金短缺也是一大难题。政府不支持超过5万元的贷款，我只得找亲戚朋友借钱。

"我勉强买齐了所需设备，就开始动工，之后再慢慢完善工艺流程。后来，一些政府官员前来参观制作现场，热情地表示要支持我们。随着工艺和制作不断改进，我终于实现了盈利，又将利润用于完善和扩大生产规模。但我们也遭到了一些村民的反对，说我们整天与泥巴和土打交道，没什么前途，让我的信心备受打击，有一阵子，就连妻子也动摇了！但我认为砖雕意义重大，是门值得传承下去的手艺，便一直坚持至今。

"随着时间流逝，不仅是中国，其他国家也愈发重视非物质文化遗产，我们在此过程中不断改进。回首40多年的发展历程，我的确遇到了许多难以想象的困难，但我从未放弃，并坚持创新。"

卜先生对砖雕工艺进行了大胆的创新，实现了产量翻番。例如，

2019年7月15日,潘维廉于宁夏隆德采访魏氏砖雕传承人卜文俊。(朱庆福 摄)

在酿泥过程中,他用棉花替代动物毛发,减少了烧制过程中出现的裂纹。面对日益扩大的市场和不断变化的需求,他开发新品300余种,将产品销往多个邻近省份。

"在创新过程中,我意识到这不仅是一项非物质文化遗产,还可以成为可盈利、可持续的文化产业,帮助当地农民致富,从而支持我们进一步扩大规模。"

魏氏砖雕既传承了古老的文化,又帮扶了脱贫事业,因此获得政府部门的高度认可。2011年,卜先生投资50万元成立隆德魏氏砖雕有限责任公司,为30余人提供了就业机会,其中不乏残疾人。2016年,

卜文俊——西北地区的魏氏砖雕传承人

隆德县投资建立"固原砖雕（六盘魏氏砖雕）传承保护基地"。2017年，基地落成后，他们追加投资180余万元，助力扶贫事业，在于河村建成"魏氏砖雕扶贫车间"，每年可生产青砖60万块、砖雕工艺品5000件。

"是什么让您在遇到困难时，在面对村民的嘲笑，甚至妻子的怀疑时，仍坚持了40多年？"

"嗯，首先，我热爱砖雕。"卜先生回答道，"其次，我发自内心地相信它的前景一片大好。如今人们对砖雕的需求非常大，我们收到的订单也越来越多。"

"是的，几天前，我看到长城脚下的一家民宿装饰着精巧雅致的砖雕，惊叹不已。我们队伍里有人猜测那些砖雕出自您的工厂。所以您现在生意很好，对吗？"我问道。

"没错，但我们面临两大问题。一是技艺高超的人才仍然稀缺。二是经济状况仍不是很乐观。"

卜先生带我们参观了工厂，通过实景模型向我们展示了从原材料提取到雕刻和烧制的整个工艺过程。我从中明白了为何人才难寻，因为很少有年轻人愿意付出多年的辛苦，只为学习一门可能无法维持生计的手艺。这也是泉州的木偶戏演员、德化的陶瓷工匠或杭州的丝绸手工艺人稀缺的原因。但希望在人间。过去10年，我遇到了许多中国青年，他们对中国的历史文化感到自豪，愿意为学习传统手艺、传承文化遗产而奉献。

小时候，我喜欢参观美国弗吉尼亚州威廉斯堡殖民地和其他历史保护区。当然，美国的历史只有短短250年，在中国5000年的悠久历史面前未免黯然失色，但美国许多城市不惜重金请人学习传统工艺，比如纳缝、打铁和银器制作。这些工匠在与 300 年前相仿的实体店铺里工作，游客可以观摩制作过程，做好的工艺品则摆在商店出售或陈列于博物馆。大多数情况下，旅游收入已足以覆盖他们的成本。

传承一门传统手艺并不需要太多人——只要有几个像卜先生那样的人就够了，他们始于兴趣，终于热爱。我希望中国的学校能继续完善有关文化遗产的教材，并给学生提供亲身体验各种手工艺的机会。这可能会点燃他们的热情，培养他们的毅力，让他们肩负起保护这些文化瑰宝的责任。卜先生致力于激发年轻人对砖雕技艺的兴趣。他的公司已成为隆德县青少年非遗文化实践基地。

如今，魏氏砖雕不仅被列入国家级非物质文化遗产代表性项目名录，而且——这点实在让我激动——第六代传承人中有 5 位是外国人！

这下我可知道从厦大退休后可以做什么了！

张建龙
从农民工到宁夏的"牛魔王"

在宁夏固原市隆德县沙塘镇张树村,隆德的"牛魔王"张建龙先生满面春风,领着我来到他创办的腾龙牧业合作社,参观里面的现代化养牛场。

一头牛"哞哞"轻叫,我伸手挠挠它的下巴,它便满足地蹭了蹭我的手掌。一排排牛棚干净整洁,四周绿树成荫,繁花似锦,风景秀美,让我宛若置身花园,而非身处农场或牧场。张建龙的家铺着精美的瓷砖,在传统的建筑风格中融入了现代化设施——而且比我在厦门的住所大好几倍!

"对一个没上过大学的人来说,您取得的成就令人敬佩!"我问道,"您的公司是如何取得如此巨大成功的?"

"当年,我意识到自己考不上大学,就出省打工了,我去过远在西部的新疆,也到过河北等地。"

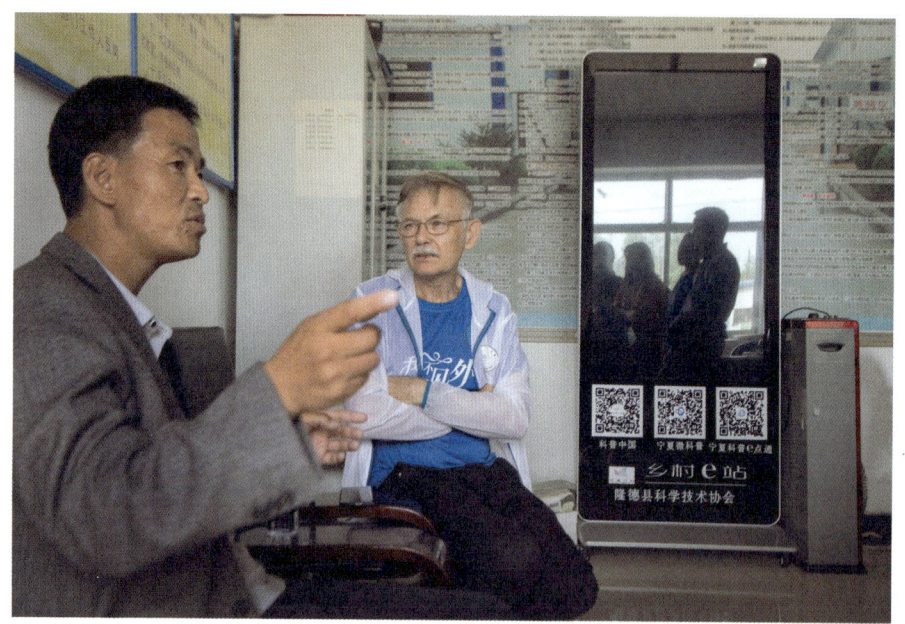

2019年7月15日,潘维廉于宁夏隆德采访养殖户张建龙。(朱庆福 摄)

"您都做过什么样的工作?"我问道。

"我一开始是在建筑工地上干活,慢慢地就做熟练了。后来,同村的几个年轻人凑在一起,组成施工队自己接活。1999年到2000年期间,我们揽的活儿很多,但后来活儿变少了,从2010年左右开始,工作变得不稳定,我们就回家了。中国幅员辽阔,资源丰富。这里农民很多,土地也多。过去10年,一波又一波的农民工带领许多人离开家乡,外出打拼,许多人在看到外面的机会后,就不愿回来了,但也有一些人像我一样选择返乡。"

"可是宁夏这么贫穷,您为什么要放弃城里的机会,毅然回乡?"我问道。

"尽管我们家乡以贫穷著称,以干旱闻名,但我们仍然看到了发展机会。我们首先尝试开办了一家保温板工厂。中国西北地区冬天非常寒冷,用保温板可以节省取暖费。我第一次看到保温板是在河北打工时,这东西很好,但在宁夏还没有人生产。这里的冬天异常寒冷,所以我们瞄准机会,在固原开了第一家保温板工厂。自2008年以来,保温板的销路一直很好。"

"那您是如何从卖保温板又转到了养肉牛呢?"

"嗯,中国发展起来了,我看到一份报告说,随着中国人民的生活水平提高,消费市场潜力巨大。我还了解到,国民牛肉消费与日俱增,牛肉供不应求,大多依靠从巴西、澳大利亚、美国等国家进口。许多年轻人进城务工,而老年人无法犁地,造成农田闲置浪费。于是,我们从国外引进技术,种植玉米和草,用作牛饲料。作为土生土长的宁夏农民,我看到村里有大片闲置土地,再加上国家出台了养牛补贴政策,所以我认为养牛是促进乡村发展和帮助村民脱贫致富的好方法。"

2010年8月,张先生贷款360万元作为启动资金,买了50多头西门塔尔牛崽进行育肥,4个月后卖出20头,获利2万元。短短两年,他靠卖牛赚的钱还清了贷款。生意最红火时,他养有400多头牛,帮助许多村民摆脱了贫困。

"一对夫妇靠养牛能赚多少钱?"我问道。

张先生笑着回答:"如果两口子养10头牛,种300亩地,一年可以赚10万元左右,平均一人赚5万。我告诉乡亲们,留在村里做农活,赚的钱就能达到城里的平均工资水平，大家没必要跑去大城市谋生。他们可以留在家里，享受乡村的惬意生活。虽然我们短时间内能适应城里的生活，但不可能一辈子生活在那里。我们迟早是要回到家乡的。

"听说您1994年第一次开车经过宁夏，与那时相比，人们的生活确实发生了翻天覆地的变化。我们的养牛场虽说规模不算特别大，但严格遵照国家食品安全和质量方面的要求。我们的牛肉十分新鲜，是纯天然的，不含任何添加剂，吃起来鲜香嫩滑，不像进口牛肉是冷冻肉。"

"我看到你们与厦门大学有合作？"

"没错，教育部将厦大与隆德县结成帮扶对子。从2016年开始，厦大选派优秀人才到我们村担任党支部第一书记。我们与厦大建立了深情厚谊。我们还得到了厦门市的医疗支持，翔安医院派了很多专家到本县的人民医院进行诊疗。厦门眼科医院承诺未来两年内会来隆德做500台手术。现在病人可以免费看病。"

"这些支持一定对您有很大帮助。"我问道，"您对未来还有更多计划吗？"

"当然有！"张先生说，"首先，我们打算在村里开一家牛肉干加工厂，将产品销往全国各地。还有一个目标是，优先派遣优秀人才前往厦大学习，因为我们和厦大情谊深厚。我们县是出了名的贫困县，全县18万人口，却没有工业，但这也有一个好处，就是我们这里没有工业污染！

"近年来，我们县发展迅猛，人均收入已超过1万元。您1994年来这里时，我们还在为吃饱穿暖发愁，最拿得出手的交通工具就是自行车。那时整个村子只有一台黑白电视机，大伙儿挤在一起看。除此之外，几乎再没有其他电器了。那会儿,我们当然吃不起牛肉,只有春节才会吃肉。寻常日子里吃面条,很少吃米饭,蔬菜只能吃自己种的。今天,家家户户都有冰箱,想吃肉随时都可以吃,彩色电视机成了家庭的标配,许多人买了汽车,可以随意出行。还有,大家的房子都布置得很好——像我的房子一样!总而言之,人们的生活越来越好了。"

从张建龙家出来,我到村里的公园闲逛,公园里摆放着露天桌椅,立着几座雕塑,墙壁绘有美丽的图案。我遇见了几个当地人,有一个农民表示想加我为微信好友。

"您有微信吗?"我问道。

他羞涩地笑了笑,回答道:"当然有。我们一直在用微信,还用淘宝在网上买卖东西呢。"

1994年的宁夏干旱贫瘠、风沙肆虐,与现在判若两个世界,联合国曾经表示宁夏没有希望摆脱贫困。也许按照联合国的标准来看,这里是一片没有希望的土地,但中国有像张先生一样从农民工蜕变成"牛魔王"的强人,有无数为中国梦而不懈奋斗的人才,他们面对困难,顽强拼搏,永不言弃。有了他们,中国永远都充满希望。

辛宝同
从自立自强到助人脱贫的宁夏小伙

在中国的贫困地区,身心健全的人谋生尚且困难,我不敢想象患有生理或心理疾病的人处境会多么艰难。张栩是我妻子的朋友,沈阳人,因在非洲跳水时发生意外,全身高位截瘫,四肢不能动弹。他觉得自己成了家庭和社会的负担,起过自杀的念头,但他最终顽强地挺了过来,如今经营着鞍山市贝塞斯达康复中心。他建立这家康复中心是为了帮助像他一样的残疾人,同时也教家属如何照顾残疾人。我惊讶地看着张栩写电子邮件,他的电脑与一个用嘴巴控制的操纵杆相连,用吹气、吸气的方式来操控电脑,输入文字。这得付出比常人更多的努力,实在让人敬佩!

我在宁夏遇见了另一个人,他的故事同样令人动容,这个人便是辛宝同。

我们一行人来到辛先生与别人一同创办的残疾人托养中心,他摇着轮椅出来，面带笑容地欢迎我们。辛宝同曾是一位无忧无虑、充满抱负和梦想的年轻人，后来因一场重病落下残疾，梦想被无情摧毁了。但在党和当地政府的关怀和鼓励下，他如今成了隆德残疾人电商协会理事长，不仅摆脱了贫困，还帮扶了同县的约1600名残疾人！

谈到生病的感受时，他说："我当时被经济和精神压力压得喘不过气，脑袋里混混沌沌的，感觉自己与现实世界脱节了。我觉得自己命不久矣，甚至梦到自己到了一个虚无的世界，一位刚刚过世的老人邀我随他一同离去。实在太痛苦了。"

2013年1月，辛先生生了病，前往四川看病，没想到这一去就在医院住了整整一年。"我家三兄弟都在上学，家里的经济本就非常紧张，实在拿不出钱看病。我向亲戚朋友借了很多钱，却还是付不起高额的治疗费。眼看着自己已经欠下30万元的债，走投无路，我只好出院回家，全家人都陷入了无助和绝望之中。"

屋漏偏逢连夜雨。2015年5月，辛宝同的父亲为帮儿子还债外出工作，不幸发生车祸，因脑部遭到重创导致全身瘫痪，这让本就债台高筑的家庭雪上加霜。

"我一直都很随和、乐观。"辛先生说，"我这个人没什么欲望，但我会尝试把所有事情做好。生病后，我也一直努力让自己保持乐观开朗，让父母放心。但父亲的车祸对我打击很大，我觉得是因为我没有照顾好自己，他才会发生车祸。"

这个已经负债累累的家庭无力承担父亲的住院费用，幸而一位医生与他们的表亲认识，同意给父亲做急需的脑部手术。"亲戚帮我到处筹钱，凑到了10万多块。"他说，"这样一来，我们欠下的债务超过40万了。"

辛宝同被病魔击倒时,他妹妹刚从内蒙古师范大学毕业,为了照顾他,妹妹推迟一年考研,后被西北农林科技大学录取。

"我们身无分文,如果没有政府提供的低保补助和服务,根本活不下去。我把自己关在家里,哪儿也不去,觉得自己一无是处。2017年,镇里的党委书记来看望我,并把我的情况报告给了县领导,后来县领导也来看望我。党委书记说县里准备建一个残疾人托养中心,建成后我可以搬进去。我当时不敢相信这一切,甚至认为他可能在骗我。他在2017年1月做出这个承诺,可我等了又等始终没有下文,便给他发信息问为什么还没有建、什么时候开始建。他非常耐心地回答说,等建成后,我将是第一个知道消息的人。2017年8月23日,他亲自来我家,说,'收拾好东西,明天和你父亲一起搬到新中心。'果然,第二天就有一行人把我和父亲带到了中心!"

"您觉得新家怎么样?"我问道。

"那是一栋崭新的大楼,一到那儿,我就眼前一亮。我是第一批入住的人。当时入住的人还很少,算上我也就六七人。刚搬进去时,大家无事可做,大约10天后,我们被安排到一家公司的人造花车间干活。能做点有用的事让人感觉很好!"

我到车间参观,看到六七个住在托养中心的残疾人在做人造花。这些人的身体不灵便,我猜想雇他们干活的企业效益不高,无法获利,但每个人都做得兴高采烈,还自豪地向我展示他们的作品——和辛先生一样,能做点事回馈这个给予他们诸多帮助的社会,让他们十分高兴。

我还看到一个下身瘫痪的人在电脑上做平面设计。一个肢体活动

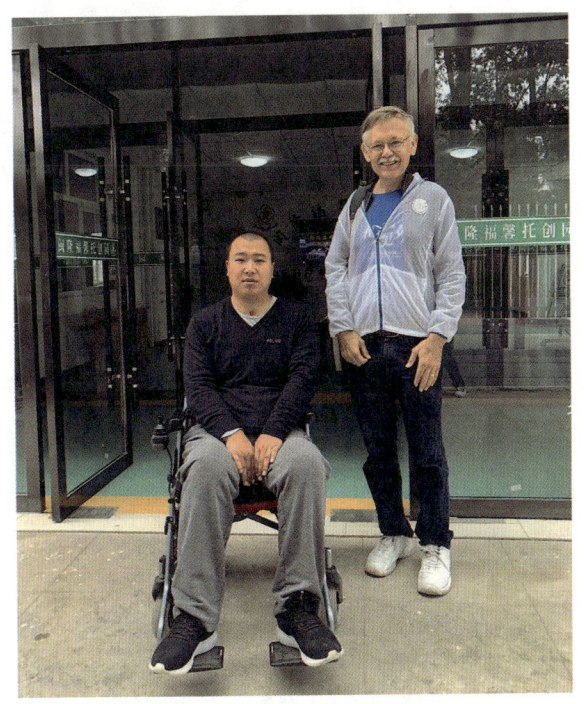

2019年7月15日，潘维廉于宁夏隆德采访残疾人公益事业推动者辛宝同。（揭上锋 摄）

受限的人能掌握这项技能，让我十分惊讶。这让我想到了斯蒂芬·霍金（Stephen Hawking），以及装在他那寸步难移的身躯里的非凡才智。我们很容易认为，身体有缺陷的人，情感和精神方面也有所不足——但这里的人绝非如此。他们也是梦想家。

"我做了大约10天的人造花后，中心主任听说了我的遭遇和教育背景，问我是否愿意到办公室工作。我听了很高兴。这样一来，我每个月大约能领1600元工资，而我母亲做人造花，每月收入有2300元左右。过了一年左右，也就是2018年12月，残疾人电商服务中心成立，我受邀担任残疾人电商协会理事长。我犹豫不决，觉得自己无法胜任。这个职位肩负着帮助当地残疾人脱贫致富的重大责任，而我在生病之前只有一年相关经验。我担心自己做不好，会阻碍扶贫工作的进行。我把自己的顾虑告诉了领导，他们表示会提供帮助，并派销售和产品等方面的专业人士协助我们。最后我同意了。"

"事情有您担心的那么困难吗？"

"一开始，我每天都要花很长时间学习各种知识。多亏了残疾人电商就业协会，我现在每月能赚4000多元。这改变了我和家人的生活。我不再是那个身无分文、只会窝在家里的人，我已经能挣到不错的薪水，养活自己了。这一切都离不开党的领导和政府的关怀。如果没有政府主导的扶贫举措，只靠自己的力量，我不可能在短短两三年内取得今日的成就。我十分感激党和政府的关怀和帮助。现在我和母亲两人的月薪加起来已经超过6000元了！欠下的债我去年已经还了10多万，我有信心能还清剩下的债务。这还需要一定时日，但我并不担心。我现在对未来充满信心，因为有关领导对我们关怀备至，是我们坚实的后盾。"

"我曾一度不敢想象自己能摆脱贫困。"辛先生说，"但现在我不仅自己富起来了，还靠残疾人电商平台的利润帮助了本县1600名左右的残疾人。能做到这一点，我十分高兴。"

至于我，能够遇到像辛宝同这样年轻有为的梦想家，也十分高兴。其他还在与贫困作斗争的国家可以从辛宝同的故事中获得启迪。这些国家固然可以借鉴中国的精准扶贫方略，但如果领导层不能让穷人燃起希望和激情，不能唤醒人们与生俱来但鲜少实现的梦想，那么再好的政策也要打个折扣。

王增豪
服务西藏的青年志愿者

1994年，西藏还没有通火车，所以我们取道青海，开车前往拉萨。当我们终于穿越海拔约5200米的唐古拉山隘口进入西藏时，面包车和车里的人都已经有点"呼吸困难"了。如今，西藏不仅铺上了平坦宽阔的高速公路，还通了火车，所以2019年，我们决定从青海坐火车去西藏。

凭窗远眺，车窗外的景象让我倍感惊讶，高速公路上车流不息，大多是进出西藏的电商物流货车。这表明，即使身处中国最偏远地区的村民，现在也能在网上买卖东西。

但这趟火车之旅最美好的不是沿途景象，而是我遇到的人——尤其是孩子们。我很高兴能与王增豪先生同在一个车厢。他来自青海省西宁市，刚从福建泉州的华侨大学毕业，自愿参加大学生志愿服务西部计划西藏专项活动。

自 2013 年大学生志愿服务西部计划启动以来，已有数千名大学毕业生为西藏提供了志愿服务，其中超过 1500 人在志愿服务结束后，长期留在了西藏工作。

该计划不仅造福了西藏，而且对志愿者本身也有裨益，因为他们在从事教育、卫生、农业技术和扶贫等基层工作的同时，性格得到了锤炼，情操得到了陶冶，才能得到了提升。为了让青年志愿者做好准备，西藏制定了优惠政策，并提供高海拔医疗保健、西藏历史等方面的专业培训。

"为什么要到西藏这么艰苦的地方做志愿者呢？"我问道。

王先生露齿而笑，说，"2016 年夏天，我在西藏有过一段很特殊的经历。火车停靠那曲站时，我看到一个藏族牧民，他以为自己买了一张去拉萨的车票，但列车员告诉他那张票只能到当雄，要去拉萨必须重新买票。那个藏族牧民不识字也不会说汉语，车票是从黄牛手上买的。这个故事深深触动了我，我猜想西藏还有很多像他一样的人，我们应该想办法帮助他们。一抵达拉萨站，我就坐上了一辆非常拥挤的公交车，两三站后，有两位藏族老奶奶上车，许多人主动站起来让座。整个过程中，公交车司机十分耐心，等所有人都稳稳坐好或抓紧扶手，才再次发动车子。藏民对老人的尊重和他们的友善态度给我留下了深刻印象。我还喜欢街上行人身上五颜六色的藏族服饰，以及藏族老爷爷们点头对我微笑的样子。他们对生活的乐观态度就像磁铁一样深深地吸引了我。"

"您当时就决定要援助西藏？"我问道。

"上大学时，我有两个暑假在贵州支教，那里的经历也给我留下了深刻印象。我教书的村子里有许多留守儿童。那些孩子家里并不缺钱，

王增豪——服务西藏的青年志愿者

2019 年 7 月 19 日，潘维廉于青海西宁采访青年志愿者王增豪。（朱庆福 摄）

但由于家人外出打工，他们缺少了家人的关爱。我想，我们都应该到那些地方去，看看当地人的生活。"

到西藏旅游是一回事，在那里生活又是另一回事，我想知道这个都市男孩打算如何克服困难，坚持下去，但没想到，他已经做好了充分准备。"大学四年里，"他说，"我有意把自己放到艰苦的环境中去磨炼，因为我想培养自己吃苦耐劳的能力。当时我只有 20 岁，我觉得人生若只考虑结婚、买车、买房，是没有价值的。我想做一些有意义的事，比如援助西藏。但我的老师说这不值得，就连家人也不支持我。可我下定决心，一定要去。"

王增豪一到西藏，就被临时调配到西藏自治区总工会做文书工作，但他表示，"我想知道他们是否会考虑给我重新分配岗位。我希望到村里去,与牧民、农民面对面交流,体验他们生活的酸甜苦辣。我想去看看,如果可能的话,还会申请从事基层工作。"

"您这次会在西藏待多久?"我问道。

"至少一年。"他说,"如果顺利的话,我想留在这里。我2016年来这里时,就迷恋上了拉萨。我的父母还很年轻,不需要我整天留在身边照顾,所以我想趁着自己还年轻,做一些有意义的事。"

"1994年我开车去拉萨时,"我说,"那个地方还十分贫穷,人们的生活极其艰苦。现在是不是有了很大改善?"

他点头称是。"事实上,按照西藏的标准,拉萨的人相对富裕,但在一些偏远地区,特别是牧区,人们的生活条件仍然有待提高。在偏远地区,也不太容易落实一些政策。我想去那些地方看看。拉萨发展得很好,毕竟它是西藏自治区的首府,有国家和中央政府的大力支持。"

"西藏地域辽阔,交通不便,我想,把政策推行到所有地方是颇有难度的。"我说道。

"是的,确实如此。"他说,"但国家正在全力推进西藏的发展。在贵州支教的两个暑假里,我对支教队伍的运作模式有了深入了解,我想把这种模式推广到西藏。这里的教育还可以,但仍需要教学支持。我想找一个合适的地方做这件事。这种支持不仅仅是在寒暑假教语文和数学,而是助推发展、克服当地教育缺陷的高质量支持。"

我在拉萨火车站与王先生作别,但我盼望能很快与他重逢,看看他是否实现了人生理想。20世纪50年代以来,中国扶贫工作的推进离不开富有同情心的志愿者,他们深入最偏远的地区,志愿服务数年乃至数十年——就像我们1994年在拉萨遇到的厦大毕业生一样。

1981年，我和苏在台北结婚，一个牧师送给我们一本亲笔签名书当作结婚礼物，那本书是他自己写的，讲述了他在20世纪40年代骑马游历西藏的故事。1989年，苏把书借给了一个中国学生，这个学生又借给了另一个学生——之后我们就再也没看到这本书了！我不是在发牢骚，只是丢了书多少有点儿不高兴。

5年后，在我们开车进入拉萨的第二天，一个年轻人跑到我们跟前，说："请问您是潘教授吗？我是厦大毕业的。当年，我朋友把您的书借给我，读完后我心潮澎湃，志愿来西藏服务！"

真是缘分！我很惊讶，也很惭愧，因为就在我为弄丢一本书而沮丧时，没想到，这本书激励了一个年轻人来到西藏，奉献青春——而且1994年时，西藏的条件还不是很好，就连首府拉萨也是如此！

还有一件令人高兴的事，当我们与写这本书的牧师分享这个故事时，他又送了我们一本亲笔签名书——那是他手头的最后一本了。我至今仍珍藏着这本书，它不时提醒着我：西藏的发展离不开勇敢无畏又富有同情心的中国青年志愿者。

13

达娃旺堆
从西藏农奴蜕变成企业家

1994年我开车带着全家去西藏时,藏族人的热情好客、诚挚待人给我们留下了深刻印象,但从未有人像精力充沛的达娃旺堆那样,给我最热情的拥抱。达娃旺堆在自己家中设宴招待我们,房子装饰得美观舒适,满是西藏民族手工艺品。在丰盛的藏式晚宴后,他一边弹奏藏族乐器扎木聂,一边载歌载舞,房间里充满了欢声笑语。

达娃旺堆从一个每天挣1元钱的木匠一步步蜕变成几家国际公司的负责人,收入数百万元,我很想听听他的故事。"您为什么如此看好西藏?"我问道。

他笑着说:"原因很简单。长期以来,西藏人民在黑暗的封建农奴制下备受剥削和压迫。300年来,我们家族一直为班禅喇嘛——其地位仅次于达赖喇嘛——干活,但家境十分贫穷,其他西藏人也大抵如此。但现在我生活在好时代,今天普通藏族人的生活已经胜过旧西藏的贵族!"

好莱坞和西方媒体把旧西藏浪漫化，称为"香格里拉"，但其实几个世纪以来，西藏一直维持着黑暗、落后的封建农奴制。

"在封建制度下，"达娃旺堆说，"等级十分森严，农奴根本没有任何权利。但改革开放以来，西藏人民有了物质和精神层面的获得感、安全感和幸福感，这是几千年来从未有过的奇迹。"

"这个奇迹是怎么发生的？"我问道。

"多亏有了国家的好政策。"达娃旺堆毫不犹豫地回答道。

"但即使有好的政策，也很少有人像您这样成功。您的成功有什么秘诀吗？"

达娃旺堆咧嘴一笑，"除了有好的政策，我本身也是个非常努力的人。我小时候没读过书，但我比较强壮，也很有想法。我卖力干活，吃了不少苦。但光靠努力工作和坚持不懈，还是远远不够的。我之所以能成功，主要是因为我出生在一个好时代，赶上了国家的好政策。藏传佛教强调'仁慈'，教导我们必须心怀感激和敬意。我非常感谢我们的领导，他们创造了一个努力工作就可以得到回报的环境。在旧西藏，我们也很努力工作，但却无法摆脱贫穷。"

达娃旺堆的辛勤工作确实换来了丰硕回报，他身兼数职，成就斐然，曾任中华全国第十一届工商业联合会执委，现任西藏自治区工商联副主席、西藏力泰实业有限公司董事长，西藏自治区第十届人大代表、西藏自治区总商会副会长、西藏日喀则市商会常务副会长、西藏刚坚发展总公司常务副总经理，被评为西藏自治区首届优秀中国特色社会主义事业建设者。

达娃旺堆的事业蒸蒸日上，现在他还运用自己的经验，致力于西藏精准扶贫事业。"我每年都会到基层去。我的公司在扶贫项目上投入了几千万。老百姓看到了民生改善的美好图景,享受到了实实在在的福利,却不知道他们的幸福生活从何而来。这是因为西藏过去长期处在神权统治之下,这些人没有受过教育,蒙昧无知。"

"您能给我举几个具体例子,说明西藏人民的生活得到了改善吗?"我问道。

"最大的因素是有了好政策,受惠的不只有西藏人,还有其他各少数民族。这样一套完善的政策放在旧社会是完全无法想象的。您要是跟欧洲人说起西藏翻天覆地的变化,他们根本不相信,因为其他人无法想象这样的变化。"

"您小时候很穷,"我问道,"但如今在商界非常成功。能说说您的故事吗?"

不出意料,达娃旺堆爽快地回答道,"我的故事很简单!"对达娃旺堆来说,一切似乎都简单明了,但正如俗话所说,"静水流深",饱经世故的人方能活得如此通透。

"我一直想走出山村,干一番事业。"达娃旺堆说,"我 9 岁时学干木工活,成了一名木匠。那时我每天能挣 1 块钱,心里十分高兴,因为不仅能帮着养家糊口,还能送弟弟妹妹读书,供他们上大学。现在,弟弟妹妹们都当上了公务员,在国家的重要岗位上兢兢业业,为社会做贡献。我们的成功离不开好的政策和自身的努力。"

"那您是如何从木匠变成企业家的?"

"我 14 岁时,改革开放的春风吹到了西藏。我们在公社干活,每天能挣两三个工分,相当于每天能挣 1 到 2 元。按一天赚 1 元算,一个月就有 30 元,扣除吃喝费用后还剩下 20 元。起初,因为家里太穷了,

达娃旺堆——从西藏农奴蜕变成企业家

2019 年 7 月 21 日，潘维廉于西藏拉萨采访藏民企业家堆苏·达娃旺堆。（朱庆福 摄）

所以我把剩下的钱全部寄回家。后来我决定提高自己，于是，我开始做生意，一步一个脚印地挣钱，财富也越积越多，从 10 元到 100 元、1000 元，慢慢再到 100 万、1000 万！

"我发现，在新时代，贫穷的人也能成就一番大事业。旧社会也有像我这样有想法和梦想的人，可惜没有政策的支持，也没有机遇。"

"但即便有这么好的政策，也很少有人能像您一样取得这么高的成就。这是为什么呢？"

"幸福是奋斗出来的，"达娃旺堆说，"而幸运垂青努力奋斗的人。在做生意的过程中，我吃了很多苦。一个没有进取心、不努力奋斗的人，是不可能只靠运气取得成功的。因此，即使抓住了机遇，我们也得付出不懈努力才能成功。作为家中的老大，我在 5 岁时就挑起了家庭的重担，想办法挣钱抚养 5 个弟弟妹妹。"

12岁那年,达娃旺堆向村里的木匠学习木工。木工活辛苦乏味,但他很快就掌握了基本要领。同年,他参与了一个发电站的修建工程和谢通门邮政局房屋改造工程。到15岁时,达娃旺堆已成为木工师、藏式房屋建筑师和藏式家具设计师,在当地小有名气,广受欢迎。但他逐渐意识到,如果不学习文化知识,不去了解周围的世界,自己未来不会有多大出息。有一次,他从朋友那里看到一本《藏汉词典》,怯生生地问道,"我用这个能学会汉语吗?"

"可以倒是可以,"他的朋友回答道,"就是怕你坚持不下来,这得下好几年的功夫。"

但达娃旺堆坚持了下来。5年来,他白天努力工作,晚上努力学习。他一页页翻看词典,遇到不懂的汉字就用藏文标注,把整本词典都翻烂了。"我每晚挑亮柴油灯,看上好几个小时,鼻孔里全是黑色的烟尘。"他回忆道。

他学会的第一个汉字是"你",第一句汉语是"你好"。他解释说,"我认为无论身处何方,这个字和这句话都能派上用场。"

达娃旺堆还帮弟弟妹妹辅导功课。在他的教导下,三个弟弟都考上了内地西藏班,后来又考入重点大学,并先后成为国家干部,为西藏的繁荣发展贡献力量。

到20世纪70年代末实行改革开放时,达娃旺堆决定离开家乡,寻找致富之路,但当时能选择的行业很少。"我不想做一辈子木匠,便考虑了与木工相关的行业。"1980年,日喀则市区准备进行老城改造,达娃旺堆承接了藏式居民房的设计和施工工程,渐渐积攒了一定名气,之后他遇到了十世班禅大师。1987年,在十世班禅大师亲自倡导组织下,西藏刚坚公司成立,该公司贯彻"以寺养寺"原则,以减轻国家和人民负担,属首家寺庙所有的经济实体。年轻的达娃旺堆因怀有一身木工手艺而受到班禅大师的器重,之后被送到北京进修,学习木材加工、家具设计,以及管理领域的知识。"十世班禅大师对西藏的年轻人寄予厚望。"达娃旺堆说道。

1989年十世班禅大师圆寂后,许多优秀人才陆续离开,公司业务停滞不前,但达娃旺堆选择了坚守。在他的带领下,刚坚公司慢慢做大做强了。达娃旺堆还尝试发展旅游和餐饮服务业,推广唐卡、缝制品、银器等西藏手工艺品的生产。成为刚坚公司的常务副总经理后,达娃旺堆往来于全国各地,向其他公司学习先进经验。他看到西藏的发展落后于中国其他地区,便扩大深圳分公司的进出口贸易,通过出口西藏产品,每年为公司创造利润1000多万。在外贸行业不太景气、许多外贸公司连年亏损的背景下,达娃旺堆凭借着过人的管理才能和商业天分,带领着刚坚公司不断发展壮大。

许多人在取得这样的成功后,可能会安于现状,不思进取,但达娃旺堆常在夜深人静时苦思冥想,"我还能做些什么?"他想起一位建筑师曾告诉他,钢结构成本低,工期短,抗震能力强,还能回收重复利用,未来将是钢结构的天下。达娃旺堆打算创办一家钢结构公司,但苦于找不到懂行的合适人才。他到外地挖人,可是没有人愿意到西藏这样的高海拔地区工作。2004年,达娃旺堆终于注册成立了西藏第一家民营的钢结构公司——西藏力泰实业有限公司。"就像是抱着自己刚出生的孩子!"他这样形容当时的心情。

公司早期运转十分艰难,但达娃旺堆鼓励员工,"只要肯下功夫,没有做不成的事情"。他还把公司骨干送去外地培训,学习先进技能。2009年,力泰公司在大型吊车无法到达施工面的情况下,保质、保量地完成了位于拉萨饭店世纪庭内的管桁架工程,这是当时西藏地区跨度最大的管桁架工程。同年,西藏自治区政府紧急求助,请求援建电站,以解决电荒问题。达娃旺堆在得知这一消息后,立即率领团队参与援建工程,在高寒、缺氧的恶劣条件下,以创纪录的时间完成了任务。2012年,拉萨为缓解市内的交通拥堵,计划建造九座大型人行天桥,达娃旺堆的公司承接了这项工程,工人们紧锣密鼓地开展施工作业,现场一片热火朝天,即使隆冬时节也不停工。

达娃旺堆从每天挣1元钱到如今事业红火、日进斗金,实在是令人瞩目的成就。对于外界的赞誉,他的反应很平淡,"这很简单!我只是从一个木匠转变成一个铁匠,未来的路还很长。我只是尽力回馈社会。"

达娃旺堆已捐赠了数百万元,助力西藏——尤其是他家乡——的扶贫工作。他觉得教育是头等大事——这也许是因为他年少时过早辍学的缘故。这个一年级没念完、后来花5年时间啃下一本《藏汉词典》的人,已先后资助了几十名贫困生,其中有许多人已进入大学深造。

达娃旺堆还热衷推广藏族文化。2009年,他在北京成立了西藏唐卡文化艺术发展有限公司,推广西藏文化和销售西藏民族手工艺品。他的梦想是将西藏的民俗文化传播到中国各地乃至其他国家。

达娃旺堆向我们展示了关于西藏的黑白老照片,以及他收藏的西藏民族手工艺品,件件都是无价之宝。接着,我看他弹奏起扎木聂——一种外表美观、琴杆细长的藏族弹拨乐器,便说道,"我会弹吉他和西塔琴，可以试试您的扎木聂吗？"

"这很简单！"他说。我拨弄了好几分钟，试着模仿他刚才的演奏，但发现自己连最简单的旋律和节奏都无法奏出，这根本不像他所说的那样简单。事实上，达娃旺堆的生活也不如他说的那样简单——也许唯一能和"简单"沾边的是他对未来抱有纯粹的信念和乐观的态度。正如他今天反复说的一句话，"今天，即使是普普通通的西藏人，也生活得比旧西藏的贵族们好。只要有好的政策，努力工作，坚持不懈，成功很简单！为此，我特别感谢政府。"

夏江平
绿化世界屋脊的女企业家

"这套农耕体系经过长达 4000 年的演化,在这块土地上仍然能够产出充足的食物,养活如此众多的人口,我们渴望了解这是如何做到的。现在我们终于有机会观察他们的农耕条件和活动习惯,并且几乎每天都能从展现在我们四周的景象中学到知识,甚至常有惊人的发现。在观察的过程中,我也为美国该转向哪种农耕体系感到困惑。我们从自己的发现以及所能联想到的这些国家数千年来对自然资源的保护和利用中受到教育,震惊于他们土地的高产……"

——King, F. H., D. Sc., *Farmers of Forty Centuries, or, Permanent Agriculture in China, Korea and Japan*, University of Wisconsin, 1911(富兰克林·H·金,《四千年农夫,中国、朝鲜和日本的永续农业》,威斯康星大学出版社,1911 年)

"其他人一看到粪便，"夏女士说，"就会捏起鼻子，快速走过，但我却像看到了金子一般！我能辨别鸭子和奶牛的粪便，并根据粪便中有机物的含量判断禽畜是否健康。"

我笑了，她让我想起湖南省湘潭市最富有的企业家冯友根。作为一个贫穷花农的儿子，他告诉我，"我小时候满山遍野地找兰花，因为兰花能卖很高的价钱。我靠闻就能闻出哪些花是兰花！"

夏女士放弃了前景好、赚钱快的金融领域，致力于解决人类面临的最为紧迫的问题——粮食。她不断完善"使瘦土变肥土"的科学方法，使土地能在不使用农药或其他化学品的情况下获得丰收。而且，她选择的不是普通地方的土壤，而是世界上环境最恶劣的地区之一——西藏——的土壤。

一个世纪前，西方农业科学家震惊于中国能在不耗尽土壤的情况下，让土地维持数千年之久的高产。如果夏女士真能让西藏变成一片绿洲，这不仅是中国的福祉，也是世界的福祉。我笃定她能实现这个目标。首先，她像我一样，在一个军人家庭长大，严格的家教造就了她锲而不舍的性格。其次，她是一名马拉松跑者，正如她所说的，"经营企业也是一场马拉松。"

"我父亲用长江的名字给我们兄妹取名，我叫'夏江平'，我哥叫'夏长平'，各取'长江'的一个字。我们刚开始做生意时，一些客户看到我们兄妹俩的名字，会打趣说，'你们家已经有了长江，还会有黄河吗？'"

夏女士出生在浙江省宁波市，当时她父亲在华东军区海军舰队服役。"我的名字很像男生的名字。"她说，"我打小就是一副男孩子性格。

我走路快，说话快，能力强，脾气也凶。这也许都是因为父亲的严格教养。"

"我能理解。"我说，"我父亲也在军队，他常要求我像当兵的一样，把鞋子刷得铮亮！"

"后来，我们从宁波搬到了湖南省汨罗市。"江平说，"我母亲是湖南平江县人，所以父亲后来申请从汨罗调到平江的县城。他这么做一定是出于对母亲的爱，因为在当时，小镇的生活不像现在这般热闹繁华。不过我在那里过得很愉快，尽管现在我喜欢快节奏的城市生活。父亲的军衔比较高，平江的部队里没有适合他的职务，所以他被调到'一二一矿'，那是一个小型军工厂。我在那个与世隔绝的工厂大院里度过了余下的童年时光。我们有自己的学校、食堂和电影院——就像生活在一座孤岛上。到了上中学的年纪，我才去了一所普通学校，见到了当地人。当地的孩子很羡慕我们这些"大院里的孩子"，也有一点儿嫉妒，有时甚至怀有恶意，发生矛盾是家常便饭，最后我们个个成了打架好手！我想打篮球或玩滑冰时，一些大一点的孩子会叫我走开，我就和他们打起来，直到我哥哥出来劝架。我的生活无忧无虑，但我讨厌欺凌，无论受害者是我还是别的什么人。我们大院里这群在军人家庭长大的孩子都有强烈的是非观念，也立志要维护国家的安全与正义。直至今日，这种对安全和治安的关切一直影响着我——包括在我从事土壤修复工作时。"

2019 年，夏女士受邀参观芝加哥股票交易所，向对方询问他们会不会保留世界各国的数据。"当得知他们会这样做时，我觉得十分可怕。"她说，"就拿食品来说，如果全球的交易数据都受这个芝加哥平台控制，

夏江平——绿化世界屋脊的女企业家

2019年7月22日，潘维廉于西藏拉萨采访企业家夏江平。（朱庆福 摄）

而且这个平台又离不开美国的管控，这该多么可怕。没有食物，人就无法生存。能源和外汇养不活中国的14亿人口，所以食品交易对国家安全至关重要。"

夏江平对这类数据掌握在一个国家手中感到不安，她的不安却让芝加哥人感到惊讶。"这应该是一个开放的平台。"她说，"也许中国可以建立这样一个平台，让全世界都能安全地进行交易。虽然我希望中国能拥有所有数据，但确保世界和平的唯一方法是，要么每个国家拥有所有数据，要么每个国家各自拥有部分数据。有人问我为什么关心这个问题，毕竟这与我的本业无关，我解释说，我出身军人家庭，从小就关心国家安全和数据安全。无论中国多么富有,没有食物我们都活不了。"

"您的成长经历似乎跟西藏完全不沾边,后来是什么机缘巧合把您带到了西藏呢?"我问道。

"很多人说我一定是脑子不清醒或者疯了才会来西藏!"她回答道,"他们说,我条件那么好,本可在厦门从事房地产行业,发家致富。可我偏偏选择来到西藏,还患上了高原病。但我们这群出身部队大院的孩子不怕困难,定下了目标便矢志不渝,其中许多人已在社会上取得了不菲成就。我自己么,工作未必有他们那么努力,但我敢于担当,忠诚爱国。如果自己的国家都不复存在,那么拥有全世界的财富又有何用呢?即使我们拿着钱去到其他国家,但我们骨子里仍是中国人。如果中国弱小,别人就会看不起我们。因此,我做生意不仅是为了赚钱,而是因为喜欢,也是为了地位感。地位不仅来自金钱。无论一个人有多少钱,如果不能做一些有价值的事,他的一生就没有地位,苟活于世,毫无意义。人死后带不走钱财,但所做的贡献却会被后人世代铭记,这就是成就感。"

她还没有回答为什么会来西藏这个问题,所以我又问了一遍,"为了获得成就感,您做了什么——除了赚很多钱之外?"

这个问题她答得很快,而且很坦诚。"带来地位的是行动,而不是金钱。我们能有今天的地位不只是因为我们捐了很多钱,还因为我们在行业中形成了一个强大的良性生态系统。我一直致力于打造负责任的企业文化,保证员工享有高质量的生活,能发挥自己的作用,并获得精神上的成长。我们为追求可持续发展而不懈努力,不断制定更高的目标。作为公司创始人，最令我欣慰的是，员工对公司所做的事感到自豪。

"我必须要有耐心。如果我想一夜暴富，那么我会从事金融业，那样赚钱快，也容易得多，不用操心工厂、研发、员工、品牌、发展等问题，还可以在环境好的高档写字楼里工作。进了这一行，我面临许多问题，比如工厂规划、购置土地和设备、产品开发和推广，还有许多与工人相关的问题。生意不易做。如果想要活得轻松、来钱迅速，就不要进这一行！"

"但您并不是一开始就从事土壤修复工作的，对吗？"

"对，我还没上大学就被一家国企招了去。那家国企只招收最优秀的学生，而且很多退伍军人在那里工作，这对我来说是好事。但后来我去了湖南的一所大学学习金融。也许是个人性格原因，我不喜欢金融，父亲就建议我去当兵，但我视力不好，那时又没有视力矫正手术，这件事便只能作罢。

"毕业后，我当过总经理，但不喜欢；接着到电视台工作，也不喜欢，索性辞职了。父亲很生气，给我找了份采购方面的工作。他本意是想惩罚我，没料到我喜欢上了到农村检查矿石质量，以及与形形色色的人打交道。我确实喜欢这份工作，并从中学到了很多东西。后来父亲突发脑出血去世，让我很受打击。在这个世上，教会我很多东西的不只有学校，还有我的父母。这就是为什么我要强调家庭教育，因为父母是孩子的第一任老师，也是孩子最重要的老师。"

父亲去世后，夏女士搬到了福建，因为她有一个叔叔在福建空军，也因为福建晋江是她的两大市场之一。"福建是我人生的第二个起点！"

她说,"我1996年来到这里,后来在这里结婚。我丈夫在厦门大学攻读MBA,厦门便成了我的家。我在工厂做销售,最初几年业绩很好,但作为女性所遭到的不公待遇让我很痛苦。尽管我拿下了整个晋江市场40%到50%的份额,但人们并不尊重一个做销售的女性。许多人嘲笑我,有些人看我是单身,建议我去做酒吧女郎,说那样可以赚得更多钱。我有时忍不住落泪,但为了完成销售任务,我在众人面前保持一张阳光的笑脸,只在心里暗骂他们。这种'阿Q精神'支撑着我走到今天。"

"您后悔在晋江的那段日子吗?"我问道。

"不后悔!在晋江的那段日子是我一生中最痛苦的时候,但我顽强地挺了过来,那是我人生的转折点。女人做生意要难得多。我的客户约有98%是男性,我不得不避免与他们私下交往,甚至避免与他们一同吃饭,特别是在我还是单身的时候,否则会有闲言碎语传出。我通过行动向客户证明,虽然我父亲去世了,但他女儿继承了他的伟大品格。慢慢地,我的个性、素养、职业作风和服务态度赢得了当地企业家的尊重,他们中的许多人如今成了我的好朋友,并为早期嘲笑过我感到后悔。"

"您是什么时候自己开公司的?"我问道。

"2003年。"她回答道,"当时只是作为副业,因为只靠500元月薪,我根本活不下去。后来,我开始做出口,结识了许多从事国际贸易的人,和其中一个以色列人成了朋友。我和这位朋友聊到了我对中国农业安全的担忧,即使中国正处于经济繁荣期。后来我丈夫放弃了MBA课程,开始做生态工程和土壤侵蚀工程。

"我丈夫赚的钱不多,因为他不像其他人那样,只想着快速完成项目,收取利润,而不顾未来的后果。他对待工程项目,总是有条不紊地分析问题并寻找解决方法。所以他虽赚得不多,却备受尊重。"

夏女士的丈夫发现,在贫瘠的土壤里种下再昂贵的种子也没法好好发育,自然也无法利用植物来防止山体滑坡。他在斯里兰卡时拜访过一家德企,又先后到多个国家观摩学习,将创新实践与经验带回中国,因地制宜做了调整。2003年时,他对夏女士说,"未来最重要的东西是空气、水和土壤,所以我们要做土壤生意!"

夏女士的以色列朋友曾告诉她,尽管中国在经济上取得了成功,但如果发生全球农业大战,中国仍将处于弱势。可惜她当时对农业不感兴趣,直到丈夫告诉她,这门生意可以世代相传。

"您和您丈夫是生意伙伴吗?"我问道。

她笑了。"我们在工作和家庭中是互补关系。他父母都是老师,而我父亲曾在军队服役,所以他性格温和,而我脾气大。我不可能改掉这暴脾气,他也没法变成急性子,我们各有所长,互补长短吧。他很有耐心,能构想出一家土壤公司的百年大计。国外有些公司已有120到140年历史,传承到家族的第四、第五代。就这样,我创办了土壤公司,而我丈夫现在开了家工程公司。"

16年后,夏女士已成为一名土壤大师,她的公司不仅生产优质土壤,还生产有机肥和无机肥,旨在恢复土壤活力。"在肥力耗尽的土壤上施满肥料并不能提高产量。"她说,"我们必须恢复土壤的有机质含量和活力,所以我们公司的使命是:'让土壤重回活力。'"

"土壤修复不仅是一种产品,也是一种技术。我们也做生态环境修复，比如绿化沙漠。有些人怀疑我一介女流无法胜任这项工作，但我并非孤军奋战，我们团队齐心协力，终于成功做到了！我们甚至还从事创新型微生物的研究，旨在帮助植物更好地适应西藏的高海拔环境。"

"您在这方面已经非常成功了。您对未来有什么计划吗？"我问道。

"人活着得有梦想。"她回答道，"我一直怀着三个梦想：创办一家上市公司、到一所海外大学进修、跑一场马拉松。我已经创办了一家上市公司，而且2016年在德国跑完了一场全马。

"跑马拉松时我已经40多岁了，平时也没怎么运动。还剩30公里时，我以为自己快没命了，但我强迫自己跑完全程——否则我怎么有脸面对我的员工、孩子和同学呢？

"跑马拉松和经营企业都不是什么容易的事，两者都需要设定一个目标，然后为之努力奋斗、坚持不懈、不断学习。而且我们必须不断补充能量，据我了解，在马拉松的整个赛程中，我们得不断补充水分。我们还需要鼓励。当观众看到我衣服上的红旗时，就大喊着给我打气，'江平，加油！'"

"您跑得有多快？"我问道。

"您该问我跑得有多慢！我跑了6个多小时，工作人员一直问我能不能坚持，想不想弃赛，但他们看到我的认真态度后，就改为鼓励我。看到许多男选手陆续退赛，我心里很畅快，想着，'男的不能跑完全程，但我可以！'"

"您是不是差点放弃了？"

"是的！最痛苦的时候是在柏林大道——离终点还有5公里，但离我下榻的酒店只有400米，酒店房间里有冰镇饮料和柔软舒适的床等着我。那实在是一种煎熬——跑下去还是放弃？选择舒适还是继续忍受痛苦？那时我身后还有一位跑者——一位 50 多岁的日本女选手，她一路上与我擦肩而过好几次，我把她想象成对手。经营公司也是这样，需要有假想敌。就在我犹豫不决时，她又一次超过了我。这位比我年长的日本女选手一直都跑得不快，只是求稳。我立刻把酒店的事抛诸脑后，在接下来的比赛中，尽力与她保持同步。尽管我们跑得很慢，但跑道两旁的观众都为我们欢呼，我在最后一段发力加速，想要出出风头。整场比赛的氛围十分令人鼓舞，所有选手在抵达终点后都会得到一个拥抱。一位英俊的男士拥抱了我，并说了些鼓励的话。这让我觉得整个过程都是值得的。我和来自许多国家的人感受到了友谊的温暖。"

"您从跑马拉松中学到了什么？"

"做生意就像一场马拉松，而不是短跑！在生意场上，我也遇到过困难，比如斯里兰卡的一个外国人骗了我，给我寄来 20 个空集装箱，它们本该装满 20 吨货物！幸运的是，东方海外货柜航运公司和海事法院都站在我这边，我最后挽回了损失。整个过程繁琐耗时，出现了令人难以想象的麻烦事，但我坚持了下来——就像参加马拉松比赛一样。"

"不过我还是不明白，您的生意怎么会转向西藏呢？"我问道。

"2015 年我们公司上市时，我湖南老家的几位官员到厦门寻找投资，意在实现西藏农业的现代化。他们找到了我。我很钦佩他们为此付出的努力，但我给的答复是无法提供帮助。不过他们没有就此放弃。

"我后来了解到，西藏不缺粮食，也不缺石油，但缺草，而且那里水土流失非常严重。西藏北部，即靠近雅鲁藏布江的地方，有严重的沙尘暴。最终，我同意帮他们制订计划，但计划一做好，我就决定自己来做了。西藏土地很多，但可耕种的很少。我想，如果我能修复西藏的土地，中国就可以在土地修复技术上引领世界。"

"而且这有助于中国克服在粮食安全方面的劣势。"我指出。

"是的，但愿意来西藏的人很少。他们害怕高原反应，再说，可以赚钱的地方多得是，为什么要跑来交通不便、人也相对保守的西藏呢？许多人还担心西藏不安全，但压根没这回事！事实上，西藏是中国最安全的地方，这里没有抢劫盗窃、杀人放火等恶行，因为所有西藏人都信佛，而且对于每个进入西藏的人，自治区政府都会核查证件，这样做有助于维护西藏的安全。"

"您担心过高原反应吗？"

"当然！2016年，我没有跟随团队一起来西藏，因为我认为自己受不了这个海拔高度。但等我们决定要在这里投资时，我就迫不及待地想找到最适合西藏的植物，然后教当地人栽培，接着收集、提取原材料，最后卖给制药公司。我最终下定决心忘掉高原反应，忘掉快速生财之道，而是专注于建立人脉和开拓市场。

"到了西藏后，我创办了一家大公司，主要从事生态修复，外加小规模种植。后来政府看到我们公司的潜力，在第二阶段投入了40%的资金，用于研制生物机制和生物肥料。政府再从我这里购买生物肥料，免费分发给藏民。我们的终极目标是在完全不用农药的情况下，保持土地的高产量，这应该能在5到10年内实现。"

"您之前提到想开一家可以世代传承的小公司，那后来为什么要让公司上市，进入资本市场呢？"我问道。

"开一家小公司的确容易得多，但中国市场如此巨大，竞争也相当激烈。如果我不好好规划,我的技术很快就会遭到剽窃。上市有助于为公司提供资金,使我们能迅速引领这个行业。上市还有助于保证公司运作透明、问责清晰,从而维持良好商誉,赢得客户信赖,使公司长久不衰。"

我想,换句话说,夏女士让公司上市是考虑到了长远发展——就像跑另一场马拉松。

正如夏女士所指出的,她大可投身自己所学的金融专业,这一行赚钱又多又快,也没那么辛苦。但她做了另一个选择,致力于解决中国——尤其是西藏地区——的粮食安全问题,这让我很是钦佩。我们所居住的这颗小小星球,正在与荒漠化、城市化和气候变化等现代化风险作斗争,如果夏女士真能让"世界屋脊"的土壤重回活力,那么她的公司无疑将为中国乃至全人类建下惠及千秋万代的伟业。

江平,我谨代表自己的孩子、孙子,以及他们的后代,向您表示感谢!

15

吴琼
为服务西藏而读书

在美国，服过4年兵役的年轻人可以免去大学4年学费。中国也有类似的项目，不过目标更加热爱和平——免去大学学费并提供生活津贴，作为回报，受资助者毕业后需要到西藏，助力"世界屋脊"的脱贫工作。我很高兴见到吴琼，他是厦门大学的校友，也是这个项目的受资助者。

吴琼是河南省商丘市夏邑县人，自2008年从厦门大学金融系毕业后，在西藏工作至今。他最开始被分配到西藏昌都市边坝县财政局。工作4年后，他通过公开招聘考试进入拉萨市财政局，如今在经济建设处工作。

吴琼解释说，如果他同意毕业后到西藏服务，就可以免去学费，并每月获得生活补贴。"我们那一届来了20多人，但留下来的可能只有4人。

"他们为什么不留下来？"我问道。

"我们刚来那会儿，生活条件十分艰苦。"他回答道，"每天只供水两个小时。到了冬天，我们不得不从河里取水。"

我不禁笑了。"在20世纪80年代末，厦门也经常停水停电，有时还一连几天停水，说是每晚供应一小时热水，但经常没有。现在，整个中国都有可靠的供水和供电了！"

"我们那里只在夜间供电，而且时间很短。"他继续说道，"居民区采取轮流供电——这个地方今晚供电，那个地方明晚供电。没有天然气或煤炭，我们得砍柴做饭。路况非常差，我们从昌都市区坐车到边坝县，498公里的路程要花一天半时间，途中还要翻越九座山。"

"现在情况好些了吗？"我问道。

"好多了，水电供应和其他地方一样稳定，道路也修得非常好。现在开车到县里，498公里的路程6到8小时就能到——比以前快了一倍。但许多毕业生还是离开了西藏，因为这里的生活比中国其他地方艰苦许多。这里地域辽阔，人烟稀少，一个面积有厦门10倍大的县，人口可能只有3万。自然条件也很恶劣，许多人深受高原反应之苦。我之所以能坚持下来，是因为我被调到拉萨，生活条件相对较好。"

"现在那些偏远地区的生活条件如何了？"我问道。

"非常好！"他回答道，"经过多年的发展，偏远地区如今已实现手机信号和4G网络覆盖，交通、水电也都很好。"

"您在拉萨生活了多少年？"

"7年了，我是2012年来的。拉萨的变化也很大。以前开车到机场需要两个小时，但自从2012年左右修建了环城路和机场高速公路后，时间减少到一个小时。现在拉萨还有非常不错的酒店和宾馆。看来拉萨是一天比一天好了。"

"现在进出西藏的交通如何?"我问道。"1994年我开车去拉萨时,城外的路况非常差。"

"现在旅游业日渐红火,"他回答道,"因为我们修了路,通了火车,还与多地有往来航班。我的家乡在郑州,以前回去的机票很难买,而且因为没有直达航班,得从成都转机。现在我回家用不了一天。我们还可以坐火车去青海省,很快还会有通往成都和林芝的火车。现在还接入了高速互联网,我随时能用微信视频与家人聊天。"

"普通人的生活得到改善了吗?"我问道。

"是的,特别是在中国启动精准扶贫计划之后。西藏原有74个贫困县,政府实施'驻村帮扶'政策,改善了这些地区的生活条件。除了有好的政策外,我们还有政策性扶贫产业,帮助人们脱贫致富。我们对水产养殖、牛羊饲养、挂毯等西藏手工艺品的生产给予补贴和支持。我们还有一个乡村电商项目,让普通人可以轻松地在淘宝买卖东西。"

得益于高速互联网和"购世界、买世界"等项目,生活在西藏农村的人和我在宁夏、甘肃、贵州和其他偏远地区遇到的中国人一样,只需动动手指,便能让精彩纷呈的世界尽现眼前。

"我刚来这里时,要等15天才能收到从外地寄到西藏的包裹。"吴琼说,"现在只要7天左右。如果寄顺丰、中通或韵达等速递物流,包裹寄到拉萨只要两到三天(速度与中国其他地区差不多)。"

电子商务还改善了人们的饮食。"西藏地广人稀,在北部的草原上,你可能开上一整天的车,都见不到一个人影。以前,村庄之间相隔甚远,人们无法买到新鲜的瓜果蔬菜，但道路条件改善后，我们与一家电子商务公司合作开展试点项目，定期运送新鲜农产品，甚至覆盖偏远地区。"

"以前教育也是一个问题，"我问道，"现在也有所改善吗？"

"是的，变化很大。"吴琼回答道，"'三保'政策落实后，所有农村儿童都可享受免费的小学、初中和高中教育。我们甚至保证提供免费的食物、衣物和住宿。我刚来到这里时，许多农村孩子不会说汉语，买东西时必须在计算器上打出数字来表示价钱。现在，很多人都能说一口流利的汉语。"

"现在藏族的青少年进入大学一定更容易了吧？我很惊讶政府为了帮助少数民族上大学，想出了这么多办法。我们管理学院有 50 多名少数民族学生，来自中国各地。我有幸见过厦大的第一位藏族学生，他现在成了西藏大学的教授。"

"是的，我们免除藏族孩子的学费，并实行优惠录取政策，特别是农村地区的孩子。"

"自我 1994 年开车到西藏以来，或者把时间拉近一点，自您到西藏以来，"我问道，"这里发生了很多变化。您对西藏的未来有何看法？"

"只会越来越好。"他回答道，"川藏铁路还在建设当中，近来拉萨也有了通往其他县镇的公路，如今在西藏出行十分便利。一些地区政府和参与援藏项目的企业正在帮助我们建造工厂，从而提高当地藏民的收入和生活水平，而中央政府则大力支持西藏的环境保护工作。西藏的很多方面都在改善。"

"但不管有没有改善，有一个事实不会变——在海拔如此高的地方生活十分艰难，您为什么坚持留下来？"

吴琼笑着回答道,"我刚来的时候也想走!这里条件太差了。我家里有90岁的爷爷没人照顾,儿子还不满一岁,只能把他留在郑州,让家人照料。我十分思念家乡,但在西藏工作久了,我逐渐适应了这里的生活。而且我觉得,人活着就应该做一些有价值、有意义的事,所以我选择了留下来。当然,家乡的生活会更轻松,但我决定在这里工作,直到退休。很多时候,中国人会在西藏工作几十年,退休后返回家乡——其中很多人回到成都。我们把青春献给了西藏,但等年老体衰了,我们就会回家。"

"您认为自己退休后不会留在这里?"我问道。

吴琼摇了摇头。"西藏还是不适合长期居住,因为海拔高、缺氧。不仅心脏会受到影响,还有其他问题,比如我们所说的高原抑郁症、记忆力下降等。就算是现在,我有时也会忘记自己想说的话。"

"我能理解您为什么想回家。我想您的家乡现在已经富起来了,因为我亲眼目睹了整个中国的发展。那么在您小时候,家乡是怎样的?"

"我家有3个孩子,我出生于1983年,那时条件还很艰苦,晚上也没有电。但现在的农村已经面貌一新了。我们建起了漂亮的楼房,每个村子都铺上了公路,还有通往县城的公交车。当地教育也得到了改善,甚至有了幼儿园。弟弟妹妹都上了大学,我们家搬到了县城。现在,我妈妈有医疗保险,可以在社区医院看病,花费不多,医保能报销70%。以前,人们害怕花钱看病,生病了就忍着。现在,我家乡被誉为'长寿之乡',老人比以前更长寿了。"

我很钦佩吴琼和他的妻子,他们立志于服务西藏的建设,直到退休。人类不适宜在缺氧的地方长期居住。我和许多在西藏工作的中国人交

2019年7月21日，潘维廉于西藏拉萨采访援藏干部吴琼。（益西旦增 摄）

谈过，听到了许多中国人毫无征兆地死在自己家门口的故事。这是一种艰苦的生活，然而吴琼和他的妻子，以及许许多多像他们一样的人，无怨无悔地坚持了下来，原因正如吴琼所说，"人活着，就得做点有意义的事。"

正是因为有像吴琼这样的人，再加上政府英明的领导和明智而富有同情心的政策，中国才能真正消除绝对贫困，实现这个其他大国未敢尝试的伟大目标。

我为厦大有吴琼这样的校友感到骄傲。我无法搬到西藏去，但我希望从吴琼的故事中借鉴经验，寻找其他方法去帮助西藏及中国其他偏远地区的人。谢谢您，吴琼。

16

徐立道
既讲究自食其力，又懂得彼此帮助的云南农民

农民徐立道是云南石林县阜镇新宅村人，他年轻时勤劳能干，28岁就在村里盖上了漂亮的房子，之后更是走遍中国大江南北，人生过得快意洒脱。他向来"自食其力"，不靠别人，直到生了一场大病，卧床不起，在鬼门关前走了一遭，才意识到自己需要社会的帮助。"如果没有政府的关怀和照顾，我可能活不下来。"他说。

徐先生病得很重，一头乌丝变成白发，脸色发黑，手脚的皮肤也变得黑黢黢的。"一个昆明的建筑工人问我是不是从印度来的！我跑遍所有医院，病情始终没有好转，就不再瞎跑瞎折腾了。我住进了医院，看着身边的病友陆续撒手归西，自己的病情也几度恶化，有3次我以为自己挺不过去，连后事都安排好了，但我努力保持乐观。有人问我为什么生病了还笑得出来，我是这样觉得的，笑也是一天，哭也是一天，那不如笑着过好每一天。我很乐观，日子一天天过去，我的身体也慢

慢好起来了。"

徐先生最终完全康复。这次死里逃生的经历让他很快意识到，自己如今的富足生活离不开党和国家的领导，他们不仅大力发展经济，还建立了完善的社会保障体系，免除人们的疾病忧患。正如习主席所指出的，人是脆弱的，一场大病就能摧毁一个家庭，昂贵的治疗费用甚至会让几代人积累下的财富付之东流。

现年56岁的徐先生自豪地带领我们参观他的房子。"28年前我盖这栋房子时，我们村委会6个村子里，没有哪户人家的房子比我的漂亮。现在，几乎所有老旧的土房子都被拆掉重建了。政府的政策越来越好，人们的生活也越来越美好。"

"您的房子是政府帮忙建的吗？"我问道。

"房子是我自己一砖一瓦建的，但拆旧房盖新房的话，政府会提供补助，为此，家家户户都拿到了1.1万元。而且我们现在建房子也不需要向国家支付土地使用费了，现在的政策更好，因为国家更强大了。有这么好的惠农政策，我再也不用担心自己挣的钱不够用了。"

"现在大家都富起来了吗？"我问道。

"不，有些人还没有。"徐先生回答道，"我们村有109户人家，有些人还住在新中国成立前的老房子里，他们要么是太保守，不愿改变，要么是太懒惰。但至少现在没有人住在茅草屋里，即使是最不勤劳的人，日子也比以前好得多。"

"盖好房子后，我就在全国四处游历。"他说着拿了一本相册给我看，这让我很惊讶。20世纪90年代，有相机的人很少，我的许多朋友小时候除了班级合影之外就没有其他照片了。

徐先生咧嘴一笑，说："这张是我和我老婆。"

他年轻时相当英俊，笑容里透着一股自信。"我冒昧问一问，"我问道，"您也跟我一样怕老婆吗？"

他看了一眼妻子，然后点点头，"有一点儿。但在中国，我们认为这是件好事。"

"您为什么四处游历？"我问道。"旅游？"

"因为工作需要。"徐先生回答道，"这张是在长城，这张是在上海。"他沉默了一会儿，又接着说，"可惜我老了。"

"您还不算老呢，"我说，"才56岁，还很年轻。我今年都63岁了。"

"我因为生病住院住了两年。"他说，"总的来说，我现在过得不错。我以前感觉自己很年轻，人们也觉得我50多岁看起来像40多，但生病让我看上去老了许多。我前前后后在医院待了3年。患上这样一场重病还能好起来，实在不容易。"

我们开车驶进他的村子时，我为沿途的景象感到惊讶，主路、辅路乃至田野间的小径都铺上了水泥，甚至连房子也是用混凝土建造的。1991年，徐先生在村里盖起新房时，上门参观的村民络绎不绝，羡慕不已。那时的他还难以相信，20年后新房在当地农村会变得如此普遍。

"现在农村的生活明显比以前好多了。主要原因是什么？"

"因为有好的政策扶持，"徐先生毫不犹豫地回答道，"再加上我们自己辛勤劳动。现在的生活确实比以前好多了。许多村民都有汽车，喜欢到处旅行。我家有两辆轿车，还有两辆摩托车和拖拉机。"

"哪些政策帮助最大？"我问道。

"农业补贴帮助很大。"徐先生回答道，"村委会投资了100多万元，将1万多亩农田改造为核桃林，这些树现在已经结果了。新路新桥到处都是。中国的造桥技术非常厉害。"

徐立道——既讲究自食其力，又懂得彼此帮助的云南农民

2019 年 7 月 26 日，潘维廉于云南石林采访村民徐立道。（朱庆福 摄）

徐先生指了指远处一座横跨在山谷间的高架桥，山谷里种有许多作物，"高速公路环绕着我们村子，带动了农村经济腾飞。"

"那电力呢？"我问道，"25 年前，就连大城市也经常停电。"

"现在电力很稳定。"徐先生回答道，"就算在农村，也只有抢修时才会停电。村里总会提前通知哪个片区什么时候会停电，让我们做好准备——整个过程最多也就两三个钟头。"

"这个速度很快了！"我说。"但我并不惊讶。几年前，厦门遭遇几十年一遇的台风，凌晨 3 点突然停电，但 3:45 就恢复了。工人们冒着 7 级以上的暴风骤雨连夜抢修，动作十分迅速！我还看到，现在中国偏远山区的水电供应和大城市一样稳定。"

"现在农民有非常好的医疗保险。"徐先生说,"可以报销70%到80%的医疗费用。如果没有医保,我根本不知道怎么办。我住院那会儿,一年的费用就高达50万,还好有国家的补贴,我自己只需要付10万元。

"就在前不久,我给妻子买了一份64000元的丧葬险,我们还可以买退休保险。总的来说,所有政策都很好,中国很强大,百姓的生活也很美好。当然,每个国家都有好人和坏人。有人勤劳,有人懒惰。"

"我看得出,您是个哲学家!"我说。

徐先生咧嘴一笑,"我是个乐观主义者,年轻时什么活都干,这间屋子就是我一砖一瓦亲手建的,门和窗也自己来装。我做过泥瓦匠、木匠、搬运工,等等,什么都干过,但主要还是靠做兽医赚钱。我什么动物都能医治,牛、马、狗、鸡,等等。"

"您经验丰富哇。"我说。

"您知道斗牛吗?"徐先生问道。

我很惊讶他突然跳到了这个话题,"知道,西班牙和墨西哥的斗牛很出名。"

"我们这儿的斗牛也很有名。"徐先生说,"今天是石林的火把节,我们会举办斗牛大赛,十分热闹。"

斗牛大赛已成为石林县的一大亮点,吸引了众多海内外游客,也吸引了红牛等广大企业进行赞助。对此,我毫不惊讶。彝族的斗牛习俗已有数百年历史,而且全程只有牛参与角力,没有斗牛士——这点与西班牙和墨西哥不同。我好奇徐先生为什么提起斗牛,后来才知道缘由,石林不像西班牙或墨西哥一样会把斗牛杀死,如果牛受伤了,作为当地兽医的徐先生便会负责照料。

徐立道——既讲究自食其力，又懂得彼此帮助的云南农民

"我也做过生意。"徐先生说，"我动员当地人种植玉米，我负责收购和转卖。但我做得最久的是土地和资源管理，差不多有16年。而且15年来，乡亲们一直信任我，让我负责村委会的宣传组织工作。这项工作没有报酬，我靠种地、养猪和做兽医赚钱。

"我们县的经济支柱是烤烟、旅游和石材。我们这的石林非常有名，有几百家石料加工厂。我是做土地和资源管理的，石材加工也在我的经营范围内，但相关政策很严格，很多地方禁止采石。我们国家的政策一直都很好，特别是习主席执政后。"

"习近平的政策对这里有影响吗？"

"当然有。"徐先生回答道，"习主席对人们的思想影响很大，我们农民很支持他。一些农民认为，没有习主席，贪官污吏就得不到惩治。在他们眼里，习主席差不多可以与毛主席比肩。"

"习近平担任国家领导人后，大家的生活好了很多吗？"我问道。

"是的。但我们村里有几户人家，年轻力壮却懒得工作，他们宁愿靠国家的补贴生活，所以仍然很穷。由于有好的政策、补贴和多种形式的扶持，人只要勤快点，日子还是过得去的。我不敢打包票说能变得很有钱，但绝对不用为吃穿发愁。再说，这些基本需求得到满足了，人们总能慢慢富起来——只要保持一副好身体。"

"1994年我曾开车到过这里，我很好奇那时您的收入有多少？"

"那时我们家年收入最多的时候是15000元。"徐先生回答道，"但现在，即使身体不太好的人每年也能赚5万元。"

这番话让我想起徐先生艰难的康复之路。这个向来自食其力的老人言语中透露出对健康的担忧，他显然想起了习近平的警告，即缺乏健全的医疗保障体系，再兢兢业业的劳动者在疾病面前也如临灭顶之灾。

我们谈话时,有几个小女孩在一旁玩耍。我问徐先生,"她们是您家的小孩吗?"

"是的,这两个是我外孙女,那个胖乎乎的是我孙女。她们幼儿园的学杂费每年700到800元一人,园里包吃。国家还为当地的小学提供补贴,等她们上小学可以在学校吃到免费午餐。我上学那会儿,人们连吃饱穿暖都成问题,哪有这等好事啊。那时候,教室、学校办公楼,甚至村委会办公室都是土楼,如今都是高楼大厦了。我们现在的条件和镇里、城里的一样好。"徐先生笑着说。

徐先生又拿出许多他旅行时的照片给我们看。我打趣道,"您做了这么多事,走了这么多路,我想您就是当代徐霞客(17世纪中国著名地理学家、旅行作家)吧!"

"我妻子、儿子、儿媳和我已经差不多走遍了整个中国——虽然不是一块去的。我们家是务农的,必须至少留一个人在家照顾这些猪。"

徐先生自豪地带我们参观村子,村口附近的长椅上坐着几个退休老人,我和他们攀谈起来。徐先生所言不虚,我能清楚地感受到现在村里的生活与城镇的一样好。我们所到访的每一个省份,农村都呈现出繁荣景象。

难怪徐先生在说"我什么都能做!"时,既高兴又自豪。但这个讲究自食其力的人也很谦卑,曾经的患病经历让他懂得,我们需要彼此的互帮互助,需要高瞻远瞩、心系百姓的领导人,需要良好的政策。

朱庆福
从江西大山里走出来的摄影师

我与朱庆福先生初次相见是在20多年前，当时经他允许，我的第一本有关厦门的书（以及之后的6本）无偿使用过很多他的获奖摄影作品，彼时他已经是中国最著名的摄影师之一。若干年后我才知道，我这位无私助人的朋友童年生活十分贫困，以及他一路走来多么艰辛。我一直对他的摄影作品视若珍宝，他的人生经历也让我肃然起敬。借着改革开放的政策，他摆脱了穷困潦倒的生活，成为中国著名的摄影师，受人尊敬，他在农村的家人也过上了富裕的生活，甚至过得比生活在城里的他更好。

"随着国家发展壮大，我们每一个中国人都真切地感受到了翻天覆地的变化。"朱先生说，"就说我自己，我出生在江西赣州的一个山沟沟里，初中时，每天天不亮就出门，走两个小时的山路去上学，每天来回要4个小时。

2019年7月29日，潘维廉于广西阳朔采访摄影家朱庆福。（揭上锋 摄）

"我10岁时，上学路上也要花两个小时——但起码有一个小时是在公交车上！"他补充道。

数年来，除了平时每天要步行4小时上学外，周末他还得砍柴并把柴火弄干。"我每天用小推车推着木柴去学校，午餐时抽空卖给学校旁边的陶瓷窑厂。我很高兴能挣到1.02元，因为每学期学费就2元多。"

"学校怎么样？"我问道。

"不怎么样。课本都是老师自己用油印机给我们印的。"

我笑了，"刚来厦大时，我也干过这事。只要看到我手上和衣服上全是墨印，学生就知道我要发试卷了！"

高中时，朱先生在镇上的一所学校上学，但是要翻过两座山才能到达学校。"我和同学们都太穷了，找不到东西吃，就把花生和玉米秸秆放在桶里腌起来，吃上整整一星期。我下定决心逃离大山生活，但是后来高考失利，我没能考上大学——这并不奇怪。城里的孩子有时间积极备考，而我们山里的孩子每天都把时间花在步行上学的路上，而且还得养牛、干家务、翻山越岭去砍柴。"

"家里的生活怎么样？"我问道。

"我家很穷，但是能自给自足。缺什么，我们就自己做，要吃肉，我们就自己养家禽，只有盐和布要到外面去买，过春节时才有新衣服穿。我们靠鸡屁股赚钱！"他笑着说，"母鸡下了蛋，我们就捡了拿到市场去卖，用这些钱买盐。"

"卖鸡蛋的钱也够买布吗？"

"不够。买布的话要卖猪。我们自己买布，然后让裁缝来给我们量尺寸做新衣服，管穿一年。"

"您没考上大学，那最终是怎么走出大山的？"

"除了高考，还有另一条路——参军，但是当时特别难入伍，国家规定家里的独子不能参军。更糟糕的是，我家人也反对——特别是我奶奶，我爷爷当初被迫加入国民党，在我奶奶29岁时就战死了，留她一人独自养家糊口。但是她最后还是同意了，我应征入伍，被派往福建。"

当时的国家领导人邓小平表示，军官必须要大学毕业。从入伍的第一天起，朱先生就知道他必须考上军校才能成为军官。"我知道除非另谋出路，否则3年后退伍，我还得回到农村，于是那时我便考虑学摄影。"

朱庆福从小就喜欢摄影，经常将自己喜欢的照片剪下来粘在一起做成剪贴簿。当他听说所在部队的报道组有摄影师时，他便想方设法要加入。

"其实，我的第一个梦想是成为歌唱家，但是我们团只有一个小小的表演队，在业余时间演出。后来，我向一个比我早一年入伍的同志打听怎样才能加入报道组。他说，只有一个办法，那就是经常给报道组写广播稿，引起他们的注意。"

朱先生的军事训练十分紧张，同时还承担着站岗任务，每天日程都很紧张，筋疲力尽。尽管如此，他还是挤出时间，写了一篇有关军旅生活的广播稿投了出去。"入伍的第8个月，我被选进记者培训班，当时入选的有30多人。负责新闻发布的军官了解到我是农村来的，只接受过简单的教育，写作水平低，但是他也看到我热爱学习、工作努力、每天早起、认真完成分配的各项任务——无论是打扫红砖，还是洗碗洗衣服，我都认真对待，做到干干净净，一尘不染。部队里的老兵把我的勤奋刻苦看在眼里，记在心里。最终，我和其他3人从30多个候选人中脱颖而出，被选进报道组。从那以后，我开始研读到手的报纸，份份不落，后来就为《前线报》和《解放军报》撰写文章，得到刊载机会实属不易。"

"但您是如何从写作转去做摄影的？"我问道。

"刚开始我做不了摄影，因为我是农村来的，摄影被认为是时髦玩意儿，但是我老家的朋友买了一些摄影书，并寄给我学习。碰巧负责新闻发布的军官要休 45 天婚假,他离开前把暗室的钥匙交给了我,还把里面一台老式的双镜头相机留给我用。这成了我人生的转机!

"在接下来的 45 天里,我一有空就跑到暗室里练习从书上学到的拍照和冲洗胶卷技巧。我通宵学习,直至晨铃响起,才穿上军装,冲出去和战友一起晨跑。等到负责新闻发布的军官休假回来,我已经熟练掌握了暗室里的每一道程序。

"我接到的第一个摄影任务是为我们团的参谋长拍照。那张照片刊登在《进步报》(Advance News)上,为我日后的摄影生涯奠定了基础。自那以后,负责新闻发布的军官就让我参与摄影工作。当时在报纸上刊登摄影作品非常难,我研究它们的版式后,看到每期都附有一张'最美照片'。我心想,'我应该试试这个',因为人人都写文章,每天刊登的文章不计其数,但照片就只有一张。我投了一张照片,画面内容是我们团最英俊的士兵在机关枪旁摆出架势——那是我发表在《解放军报》上的第一幅摄影作品。我因为这张照片的发表被授予三等功,当时在我们团引起了不小轰动,因为很多士兵一整年都发表不了一张照片。

"从那以后,很多人跑去拍那位英俊帅气的士兵,他的照片常常出现在报纸上。我之所以能一炮而红,主要原因是我研究了报纸编辑的想法,懂得投其所好。之后我把所有自己拍得不错的摄影作品都投了出去。"

"您真应该去教 MBA,"我说,"因为您懂得怎样给客户他们想要的东西!"

他笑了。"是的,非常正确。如果我卖菜,我需要研究厨师的菜谱,了解他们需要的食材。我对报刊研究得很透彻,并在笔记本上记下编辑的联系方式。我的摄影作品不仅刊登在军事出版物上,还刊登在《辽宁青年》《广西青年》《生活创造》等普通老百姓看的报纸和杂志上。从那时起,《前进报》几乎每期都刊登我的照片。《前进报》共4版,每版只有一张照片;因为我的照片拍得好,有一期4张照片中就登了3张我的作品,其中一张刊登在'艺术专栏'里。"

朱先生的敬业精神和工作态度给上级留下了深刻印象,在服役的第三个年头,他从团级报道组被提拔到泉州——厦门以北的一座城市——的师级报道组。

"我第一次来厦门是坐着部队的运煤车来的,"朱先生说,"那时我身着军装,坐在装货的车厢里,因为驾驶室坐着司机、排长和排长的女朋友,已经满员了。我被厦门和鼓浪屿的美景深深打动,立志娶个厦门媳妇搬到厦门!回部队的路上,车里满载着煤,我只能一路坐在煤堆里。到泉州时,我全身都变得和煤一样黑——只剩下眼球是白的。"

经过10个月的培训,朱先生被调到厦门。"没想到媳妇还没找到,我就实现了搬到厦门的目标!"他说,"我是厦门唯一一个部队摄影师,这意味着我有广阔的自由创作空间。因为我研究透了编辑们的需求,照片拍得漂亮,胶卷冲洗技术高超,军事报和许多杂志的封面都采用我的作品。我的拍摄题材很广,拍过的人物有飞行员、通讯员、炊事员和一些师级军官,包括政委、副师长、参谋长、副政委、后勤部长等等。大多数照片我都能拿到每张5元的报酬。"

"这在当时来说,算是发了一笔小财啊!"我说。

"哈哈！我真的赚了不少钱，靠的是不断打磨技术，勤学苦练。国家在不断发展，我也在不断成长，人要与时俱进嘛。虽然我在农村上学时没学多少东西，但我在部队里学到了很多。对我而言，部队就像是一所大学！可惜由于健康状况不佳和家庭情况等原因，我在部队待了9年就退役了。"

退役后，朱庆福没有着急找工作，他给了自己一年的空档期，走遍厦门各个角落。他定了一个目标——以3年为期，拍一套展现厦门风貌的摄影作品，不成功便放弃摄影。"1994年，也就是您第一次自驾环游中国的那一年，我退伍了，不再是部队摄影师。我踏遍厦门的大街小巷，游遍厦门的山山水水，拍下无数张照片，用镜头捕捉厦门的秀美风光，记录海沧和鼓浪屿的发展历程。厦门不仅风景秀美，厦门人也勤劳善良，热情友好。教授，我跟您一样都是外地人，但我非常喜欢厦门，想用摄影来宣传厦门，让大家知道它的好，这也是我直到今天一直在做的事。每年，我都会挑选天朗气清、最适合拍摄的日子，到鼓浪屿的日光岩拍下厦门的全景照片。这些照片经常被厦门的企业、政府机关和学校用在他们的宣传册上。我拍了一系列照片，记录下厦门这座城市的点滴发展。"

1995年，为庆祝厦门经济特区设立15周年，厦门市政府将朱庆福的部分摄影作品编成一本纪念册。"可以说，我帮着奠定了厦门摄影业的基础。"他说。

2000年，一场名为"厦门为什么这么美"的图片展在北京举办，朱庆福担当负责人。"后来，鼓浪屿被《中国国家地理》杂志评为'中国最美的城区'第一名，这里面也有我照片的一份功劳。此后，鼓浪屿一直以这个称号作为旅游宣传点。"

他还制作了一本摄影集，帮助厦门获得"国家卫生城市"殊荣——这是厦门发展历程中的一个重要里程碑。"光是编辑《厦门——文明之乡》（Xiamen–Civilized Homeland）摄影集，我就花了8个月时间。"他说，"北京评估和评选委员会的负责人对我说，我说不准厦门能不能评上第一，但您的摄影集绝对是我们见过的最漂亮的。"

朱先生笑了，"我俩很像。我们都在向外界宣传厦门，为厦门做自己力所能及的事。我为厦门所取得的成就感到自豪。"

朱庆福退伍后的第一份工作是《厦门商报》摄影部副主任，之后升为主任。他刷新了该报的每月投稿数记录，一个月刊登的摄影作品更是多达68幅！

1996年，他去新加坡协助画册拍摄工作，这是他第一次出国。途经香港时，他拍了一组照片，记录下香港回归前的景象。1997年，他在部队拍摄的一张题为"中华男儿"的作品击败了35570幅作品，斩获第十八届全国摄影艺术展览金奖，实现福建摄影自1949年以来在国展中奖牌零的突破。"福建在摄影方面一直比较薄弱。"他说，"这个奖项在省里引起了轰动。福建省文联、厦门市文联在厦门联合召开'朱庆福表彰大会'，奖励了我1万元——我终于迈入万元户的行列了！"

朱庆福的获奖为福建摄影界拉开了夺奖序幕。在第十九届全国摄影艺术大赛中，福建摄影师捧回了银奖和铜奖。此后，福建省在摄影界的地位不断提高。"以前福建总在倒数第一和倒数第六之间徘徊，"他说，"但现在我们已经挤进前六名。"

朱先生不仅不断提升自己的艺术素养，而且也培养其他摄影师。"我参军时，只有两身衣服，"他说，"现在我在厦门有房有车，被认为是中产阶级了。这在几十年前我做梦都想不到。在厦门定居曾是我最大的梦想——现在仍然是。"

"我也是。"我说。

他笑了，说："哈哈，你我都一样。现在，我们不仅能生活在厦门，照顾自己的家人，而且还能为我们的城市做些有意义的事情。当然，我们得自食其力。我们的努力能获得丰厚回报，一方面是因为我们勤劳肯干，一方面是因为国家富强起来了。"

"您刚搬到厦门时生活怎样？"我问道。

朱先生苦着脸回答，"不怎么样。20世纪90年代我第一次来厦门时，就爱上了这座城市，但是我租不起房。我在厦门的第一个居所是一间仅11平方米的小屋，在文昭的一座庙里。我最大的孩子就出生在那座庙里，我在门旁加了个小棚，隔出一间厨房。"

"90年代初的厦大也是如此，"我说，"就连教授也在公共走廊里用硬纸板搭建厨房。我觉得今天您家的衣橱都比您第一个居所大吧？"

"确实如此！"他说，"我经常回去看看文昭的那座庙，那座庙经过修缮，现在成了文物保护单位。那儿曾是郊区，但现在四周高楼林立，这就是整个中国的变化缩影。无论是集体还是个人，我们都在努力奋斗，正如习主席所说，'幸福都是奋斗出来的'，这是真理。看着习主席从福建一步步走到中央领导人的位置，我深受感动，因为我们福建人都见证了他如何一步一个脚印，带领国家走上富强之路，让百姓过上好日子。能让平头百姓过上好日子的政府才是好政府。我很钦佩习主席的理念。有他这样的领导人实乃国之幸事——这是我的肺腑之言。"

2010年,联合国贸易和发展会议在厦门举办,习主席向来自9个国家和地区的领导人表示欢迎时,朱先生作为大会的指定摄影师,在一旁为主席拍照,这件事让他特别引以为豪。"习主席的气场给我留下了深刻印象,他镇定自若,娓娓道来,侃侃而谈,信心十足,声音洪亮而富有磁性。第二天,习主席出席中国国际投资贸易洽谈会开馆式,当他把'金钥匙'插入礼仪台,为投洽会开馆时,我瞅准时机,将相机举过头顶,来不及看就按下快门。那张照片抓住了习主席的魅力,成为我的经典作品。我把那张照片命名为'新征程',因为在习主席的领导下,我们确实踏上了迈向民主、繁荣、稳定的新征程,过上了幸福生活。如果国家动荡不安,不管国家在你心目中有多好都无济于事。安全没有保障,就什么事都干不成。"

"我能看到,您在厦门的生活已经好起来了,但您家人还住在那个贫穷的山区,他们现在的情况怎么样?"

"他们现在日子过得比我还滋润呢!"他回答道,"我退伍后,父母搬来厦门和我住过一段时间,但当时的房子太小,他们不得不睡在走廊里。后来我父亲先回老家,跟我姐姐住一起,当时我姐家也很困难,靠砍柴挣点钱,勉强度日。不过,改革开放后,我姐和姐夫建了一个木材加工厂,现在日子过得比我还好!"

"他们是如何脱贫致富的?"我问道。

"我的家乡南康县,现在改为南康区了,是一个重要的家具生产基地,拥有2000多家家具厂。这些家具厂的木材需求量很大,我姐和姐夫正是从中看到了商机。如今，中国每七张高端床中就有一张出自南康，南康生产的家具还有很多直接销往欧洲。后来我姐一家离开山区，在镇上盖了房子，还让孩子接受了良好教育。现在她的孩子都在城里工作。这些变化放在30年前根本连想都不敢想！人们缺的只是机遇。

"我的家乡在落实习主席的扶贫项目上一丝不苟，让我感动不已。每个贫困家庭都收到一张通知，上面写有负责帮扶他们的官员姓名。以前，我有一些亲戚穷得连做菜用的油都买不起，他们就拿猪皮在锅上擦一擦，之后再加点辣椒和盐调味。但是两年前我回老家时，发现大家的生活都变好了。90年代以前，我们那还没通电，所以用煤油灯照明。现在已经有了稳定可靠的电力供应。"

"现在有网络吗？"我问道。

"现在不仅有网络，还有有线电视。我以前要走过一座独木桥才能到家，现在村里架起了一座可容汽车通行的宽敞大桥，还有水泥公路直接通到我家门口。实际上，家家户户门前都铺上了水泥路。我以前上学必须翻过两座山，现在开车10到15分钟就能到达我以前的学校。"

"扶贫工作进展顺利吗？"我问道。

"非常顺利。像我家这样的脱贫故事在我们福建省的山区乃至全国，比比皆是。一个人口超过10亿的大国能做到这一点，是一项非凡的壮举。但最令我惊讶的是，中国在大力发展经济、全力消除贫困的同时，也一直在为修复环境而努力。西部的发展让我感触最深，那里曾经是片不毛之地，处处是干旱的黄土，难以看到绿色植物。但是现在，从内蒙古到西藏乃至大戈壁，放眼望去，一路都是绿油油的。这实在太了不起了！"

1994 年，我开车经过陕西延安时，满眼尽是贫瘠与荒芜，很多人住在窑洞里。2019 年，朱先生和我驾车再次到访延安时，为了拍全景照片，他登上了一栋大楼的第 27 层，从高处向外眺望，目之所及，林木苍苍，绿意盎然，现代化建筑鳞次栉比，不亚于中国其他城市。

朱先生露齿而笑，洋溢着自豪之情。"可想而知，我们国家在崛起的过程中，也为全球环保事业做出了重大贡献。"他说。

"这一点甚至得到了联合国的认可。"我补充道，"中国大力投资环保事业，倡导新能源和绿色产业，所投入的金钱比那些财力雄厚却不愿作为的国家还要多。"

"是的。"他说，"关键是要有长期目标，再加上好的政策。说实话，依靠战争或其他类似手段来谋求发展绝非长久之计。只有守望和平，脚踏实地，才能实现可持续发展。"

"我十分钦佩中国的一点是，它让我觉得有安全感。30 年前，我们总要当心扒手。但过去 20 年来，我一个扒手都不曾遇到。"我说。

他对此表示同意。"我经常外出摄影，要翻山越岭，蹚水过河。我以前都不敢独自出行，携带着昂贵设备时更是如此。但现在，不管走在哪里，我都觉得安全。以前，我在去火车站的公交车上遇到过扒手，被偷了两张火车票。现在再也没发生过这样的事了。

"这是我最引以为豪的事情之一，"他继续说，"对我们这样一个大国来说，要创造安全、稳定的社会环境，让百姓获得安全感和幸福感，并不容易。我们甚至在很多技术领域领先于发达国家——比如，第二代居民身份证、高速公路、高铁，等等。"

我笑了，说："以前福建的路很糟糕，我自己开车都会晕车！"

朱先生把一小杯福建茶喝完，接着说："上个月，我们驾着车一起环游中国，我想我们在旅途中发现的最重要的事，同时也是最令人印象深刻的事，莫过于生活在中国各个角落的人如今都过着幸福美满、绿色环保的生活。这实在很了不起。"

中国确实非常了不起——领导层高瞻远瞩，运筹帷幄，制定出富有远见卓识的计划和政策，帮助了许许多多像朱庆福一样满怀激情、坚持不懈的梦想家。谢谢您，庆福！

陈桥弟
亲历广西阳朔巨变的普通人

1993年夏天,我驱车带着全家前往阳朔,第一眼就爱上了这个地方。在我们眼里,比起位于它北面66公里的繁华的桂林市,这个依山傍水的小镇风景更加秀丽怡人。走近阳朔,仿佛一幅巨型中国微缩景观图在眼前徐徐展开,寺庙星星点点散布其中,四周环绕着喀斯特峰林,宛若世外桃源。苏斯博士童书里描写的那些奇奇怪怪的山,灵感正来源于此。我们喜欢阳朔的美丽与静谧,不过如今这份静谧早已不在。

2019年7月再次造访时,我惊讶地发现这个乡间小镇已变成一座繁华小城。以前有男子在河边撑竹筏渡游客过江,现在改为用发动机驱动的游船,行驶速度更快(收费更高),游客也更多——我们现在买票或等候登船都得排长队。在阳朔,排队似乎成了最常见的消遣方式之一——无论是在景点还是餐馆。

许多人对比记忆中30年前的阳朔,对现在的变化感到不满。虽然排队不是我喜爱的消遣方式，但我欣见阳朔、长城、云南石林或拉萨布达拉宫的人潮和长队，原因有三：第一，这意味着中国人如今负担得起旅游之乐，能够一览祖国的壮丽山河。20年前，到这些地方游玩的人主要是海外游客或比较富裕的中国人。第二，正如习近平30年前在福建的贫困地区宁德任地委书记时所强调的那样，从经济的可持续发展来看，文化旅游可有效保护和促进当地文化，特别是少数民族文化。第三，繁荣的旅游业促进了经济发展，改善了当地人的生活。比如陈桥弟女士，她高兴地与我分享了他们一家人生活的变化。

"1965年我刚开始在文艺宣传队工作时，"她说，"阳朔只有一条街，我们住在破破旧旧的老房子里，但20世纪80年代以来，这里的发展日新月异，一切都有了很大变化。"

"早在90年代初，阳朔就有好几条大街了。"我说，"现在阳朔发展得很好，我都找不到从前的主街了。"

陈女士笑了，"您刚才就是从那走过来的！但现在看起来的确和以前大不一样了。"

1975年，陈女士被调到一家电影公司。那时人们家里没有电视机，电影很受欢迎。现在，随着新技术的发展，在公园广场和乡下地区免费放映教育和宣传影片变得愈加容易，许多电影院纷纷关门。

"以前阳朔的旅游景点并不多，但随着发展速度加快，许多旅游景区如同雨后春笋一般冒了出来——漓江、月亮山、九马画山，等等。以前我去别的村子只能靠走路。现在，新修的水泥路把各个村庄连接起来，通到每个农民的家门口，十分便利。有了道路，偏远地区的农民日子也逐渐红火起来，特别是在过去10年。"

"很多人都说，变化最快的是过去 10 年。这是为什么呢？"

陈女士回答道，"在习主席的领导下，我国科技发展日新月异，旅游业的发展势头也很强劲。现在，阳朔的设施比以前好了，海内外游客都在增长。就连我的家乡九马画山，也有一条公路直通到村民家门口，那里的旅游业也发展起来了。"

"新路建成之前，那里是什么样的？"我问道。

"以前没有公路，我们不管去哪里，都得翻过一座大山。如果骑自行车出门，爬山时得把车扛在身上。第一条路修得不是很好，但后来有所改善，之后我们当地的旅游业就迎来了爆炸性增长。"

"我上次开车来这里是 2000 年 3 月，当时就算是新修的公路也非常差劲。但今天一看，这里的公路和中国其他地方的一样好，不管东部沿海省份，还是西部的青海和西藏。"

陈女士点头表示同意，"是的，我记得很清楚。2009 年时道路修得还行，但说不上非常好。现在，通往九马画山的道路宽敞平坦，可媲美阳朔的大马路。道路变好后，我家乡的每户人家都有人到漓江景区工作。旅游业令当地居民受益匪浅，大家的生活也一天天改善。"

"您刚到阳朔时，这里的生活是什么样的？"我问道，"您家里的条件又是什么样的，都吃些什么呢？"

"那时的生活很苦。"陈女士回答道，"我 1970 年结婚，那时没有自来水，得提着桶到漓江边打水。我婆婆年纪大了，提不动水，所以大部分水是我提回家的。能吃的东西也少——主要吃红薯、玉米和高粱。当然，现在每个人都能吃上白米饭了。"

"医保和退休待遇怎么样？"我问道。"有些人摆脱了贫困，却

陈桥弟——亲历广西阳朔巨变的普通人

2019年7月29日,潘维廉于广西阳朔采访村民陈桥弟。(朱庆福 摄)

被疾病和医疗费用击垮。"

"以前,我们找医生看病或去医院就诊时,必须预先支付全部费用,许多人负担不起。现在,我们自付的费用少了很多,因为就医时医院会扣除大部分费用,这部分之后由政府来报销。"

"农村地区的农民也有医保吗?"

"当然。"陈女士回答道,"医保覆盖全民。事实上,农村地区的报销比例比城里还高。"

"那养老金呢?"我问道。

"有,农民也有养老金。"

155

陈女士的房子里里外外都翻新了一遍。"您家的日子看起来过得不错。"我说道,"那过去,你们的收入是从哪里来的?"

"我们现在住的房子是政府在1952年分配的,"陈女士回答道,"已经有100来年历史了。我丈夫有5个兄弟和6个姐妹,我们以前在码头当搬运工。随着经济好转,我丈夫和几个兄弟离开阳朔去外地找工作了。我丈夫在家里兄弟中排行老三,是一名司机。他大哥当了泉州教育局局长,二哥去了武汉大学读书,已经毕业了,四弟去了桂林的一家工厂工作,五弟留在阳朔工作。姐姐妹妹们也都有了工作。可以说,以前人们真的很难就业,但现在不同了。学校教育让人受益。我公公是个读过书的人,他鞭策自己的孩子上学读书。他们也很听话,现在都找到了工作。"

"教育有改善吗?"

"现在情况好多了,人人都能接受教育,薪水高了,退休后的养老金也更高了。我所在的公司薪水低了点,但我把自己的房子重新装修后,租出去几间房,生活也过得很好。我孙子现在在重庆交通大学读书。"

"真好,现在农村孩子也能上大学了。"我说,"我刚来中国时,这种情况很罕见。"

"现在,大学生不仅享有政府提供的支持和助学贷款,还能得到一些公司的资助。如果农村小学缺乏设施,扶贫专家会通过多种方式提供帮助,比如修缮设施,教他们如何开垦花园等等。"

"今天早上,一位导游告诉我,以前人们只能吃自己种的东西,商店只卖应季的水果,但现在一年到头想吃什么都可以买到。这是真的吗?"我问道。

"没错,是真的。我们这里以前根本没有水果,但现在一年四季都能买到从全国各地运来的水果。"

"这太令我惊讶了。"我说,"我记得早些年在厦门,我们只能买到当地种植或制造的东西。"

"您刚刚提到阳朔在过去10年变化最快,这是为什么呢?"我问她。

"我认为最大的变化是,现在人人都有医保,社会治安良好,我们的孩子也能顺利接受教育。政府在很多方面做了大量的工作,现在一切都比以前好。"

"两天前,我们在云南遇到一个人,"我说,"他生过一场大病,住了两年医院。他说,如果不是医保承担了大部分费用,他根本活不下来。看来,医保制度让中国各地的百姓都享受到了实惠。"

"确实如此。"陈女士说,"还有更好的事呢,现在养老也不成问题了,像我们这样的老人可以领取退休金,不愁吃喝。孩子们也不用为读不起书而发愁。"

与我们同行的福建知名摄影师朱庆福问道:"25年前,你们家的收入是多少?"

陈女士回答道:"25年前我还在工作,那时的工资记不清了,但1996年我退休时,每个月的退休金是315元。现在,我每个月能领到2400元左右——足以满足生活所需!"

"早在上世纪80年代末,"我说,"就有人告诉过我,习近平很关心退休问题。他在福建工作了17年多,正是在这期间酝酿出精准扶贫方略。他曾表示,到2020年,中国将全面消除绝对贫困。中国这样一个人口大国如约完成了消除绝对贫困的艰巨任务，这实在是令人难以置信的成就，而我有幸目睹了中国在过去30年间为此付出的努力。2019年，我们驱车环游中国，看到途经的每个省份都真正摆脱了绝对贫困。"

陈女士笑着说："我们原本希望退休后每月至少能领100元，从没想过到手的钱会超过2000元。"

"从学龄儿童到退休老人，政府的关怀可谓无微不至，能做到这一点的主要原因是什么？"我问道。

"政府有好的领导和政策，百姓才能安居乐业，幸福生活。"陈女士回答道，"我是最幸福的，因为我在农村经历过苦日子。那时，我们吃不饱穿不暖，赤着脚上学。许多年轻人找不到对象，因为没有人愿意到这种条件恶劣的地方来。我今年72岁了，从前的苦日子已经一去不复返了。"

"您身体很硬朗，看上去根本不像70多岁！"我说。她的确不显老，也许是因为她乐观开朗，常怀感恩之心吧。

"自从我1965年搬到这里，就经历了巨大的变化。"陈女士说，"我看着习主席组建起完整的班子，扎根基层，带动农村地区一步步发展起来。他非常了解我们。"

1993年11月，习近平在湖南一个偏远的苗族村落考察时表示，中国将在2020年前消除绝对贫困，这彰显了极大的勇气。纵观历史，无论国家贫富、大小，还没有哪个国家敢作出这样的承诺。我很钦佩中国能为许许多多像陈女士这样的普通老百姓定下一个宏伟目标，而且不负众望，最终兑现了承诺。

19

林睿琦
华为高级副总裁

2019 年，我又开启了两万公里的汽车环游中国之行，旅途中收获的最大惊喜之一是，无论多么偏远的地区，如今都有宽阔平坦的水泥路直通村民家门口，还接入了互联网。得益于电子商务的迅猛发展，即使是生活在偏远的宁夏、内蒙古或西藏——平均海拔 5000 多米，号称"死亡地带"——村落的农民，生活也富裕起来了。许多人用上了微信，还很高兴地与我交换微信名片，方便日后保持联系。上述景象不仅出现在中国的土地上，还出现在许多其他国家——从非洲沙漠到北极圈内的村庄和南美的内陆地区，这一切背后的功臣之一便是华为公司。

华为认为，将偏远地区的人民与世界连接起来关乎社会的公平与正义，因为在信息时代，"网络高速公路"和实体高速公路在助力脱贫方面起着同等重要的作用。

华为十分幸运，因为它可以按照自己的价值观行事。作为一家

100%由员工持有的民营企业,它不需要像其他公司那样,为了满足外部股东利益,向他们派发高额分红,减少研发经费和匡扶社会正义的项目,进而阻碍公司未来的发展。但是我很好奇,华为如何向员工灌输其领导人强烈的社会正义感和使命感,使员工心甘情愿,甚至迫切渴望背着沉重的设备,攀上西藏6000多米的高峰,安装基站?或者,像高级副总裁林睿琦一样,忍受着北极圈以北零下60摄氏度的低温,坐着潜水艇撤离?又或者,像年轻的Lucy一样,和年轻的队友远赴阿根廷,以地为席,吃着无法分辨的食物,昼夜不停地工作,只为帮助偏远村庄接入互联网?

我有幸在深圳充满未来气息的华为园区采访到了林睿琦和Lucy(应本人要求使用化名),对华为有了更多了解,无论是其领导层还是作为新鲜血液的年轻员工。

林睿琦(英文名Amy)1997年进入华为,现任高级副总裁。2019年3月21日,她8岁的女儿放学回家,问她,"妈妈,你知道美国为什么要攻击华为吗?"

"你从哪里听说的?"Amy惊讶地问道。

"老师告诉我们的。"她女儿回答。

Amy拿出手机准备录音,她女儿不是很高兴。Amy告诉她,"我只是想把这次谈话录下来,作为以后的回忆!"

"你认为美国为什么要攻击华为?"Amy问女儿。

"因为中国发展得很好,但美国发展得不好。"女儿回答道,"他们想阻止中国的发展。"

Amy想知道这是女儿自己的想法还是老师灌输的观点,追问道,"那你对华为有什么建议吗?"

"没有。"她回答道,"继续做自己就好。"

Amy与同事甚至厦大商学院的教授、同学分享了这些童言稚语,大家都赞同她女儿的观点。两个月后,华为被列入美国实体制裁名单,Amy再次问女儿,她是否认为华为需要采取新的应对策略。"不需要,"女儿回答道,"继续做自己就好——但我认为你们可以多交朋友,让朋友来帮助你们。"

正如Amy所指出的,从好的方面看,美国的打击提高了华为的全球知名度,比如像乔治·吉尔德(George Gilder)这样的人物开始站出来为华为辩护。吉尔德是美国经济学家、未来学家,有"科技界的诺斯特拉德马斯"和"美国第一科技未来学家"的美誉,他在《华尔街日报》撰文称,"华为是资产,不是威胁。"[1]他还在文章里称,"任正非的公司代表着美国领导的全球贸易体系的胜利,应该得到欢迎。"

"华为正面临着巨大挑战。"Amy承认道,"但我有一句金句,建议您使用。我认为奋斗不苦,奋斗很酷。为什么这样说?因为任何奋斗,最终都会积累成你的人生经历和故事。"

Amy在华为工作了22年,她一边分享华为的奋斗史,一边感激自己从中学到的东西。"小时候,父母教育我要诚实、善良,长大后为社会做贡献。我一直通过华为这个平台为中国和世界奉献自己。我在国内外遇到的前华为人都说,华为的奋斗者精神已永远熔铸在他们血液里。许多前华为员工甚至为他们在这里的经历向我表示感谢。"

---

[1] https://www.wsj.com/articles/huawei-is-an-asset-not-a-threat-11558390913

"您能说说华为早期的困难故事吗？"我问道。

Amy 笑了，"那可太多了！比如，早期我们资金十分紧张，为了省钱连马桶座圈都不买——这意味着女孩子必须踩着马桶上厕所。1997 年到 2000 年那段时间，两个女孩睡一张床是司空见惯的事。但我们不觉得辛苦。那些是我们人生中无法复制的宝贵成长经历。

"还有一次，我们第一次在海外交付移动交换机。这是一项新技术，起初我们一个月得升级几十次，所以连吃饭、睡觉都在客户的机房里解决。后来有人开始在机房外卖炸鸡，为了图方便，我们几乎顿顿都吃炸鸡。现在大家都知道 Amy 再也不想吃炸鸡了！

"我们有过失败，有过悲痛，但客户一直与我们同在。当我们因为不可控的原因遭遇失败时，客户也与我们一同悲痛，始终对我们不离不弃。"

"我看到，华为的客户忠诚度和员工忠诚度一样高。"我说。

"是的，我们的客户非常忠诚，"Amy 说，"因为我们对客户很忠诚。华为的第一要务是帮助客户取得成功，这反过来又保证了我们的成功。举个例子，一些西方国家的公司，他们的工程师需要半个月甚至更长时间，才能解决客户的问题。华为从来不会这样，我们重视客户的信任，快速响应客户需求，从而创造了一个良性循环。华为的许多早期客户并非行业领头羊，但他们选择了华为，华为也没有辜负他们的信任，许多公司后来超越了竞争对手，甚至成为行业的领军者。

"但在一个外国人对中国知之甚少的世界里，华为不得不努力赢得外界信任。甚至在 2000 年，还有外国人问我，'Amy，你在中国的超市真能轻易买到鸡蛋、糖和盐吗？'"

"我最钦佩华为的一点是,它大力帮助中国和国外的偏远地区。"我问道,"为什么华为如此看重这一点?"

"对华为来说,这是一个道德问题。"Amy 回答道,"我们认为,人人都应该在平等的基础上享受 ICT 解决方案,从而更好地实现互通互联,改善生活,无论他们的发展水平、种族或面临的挑战如何。华为采用创新方法解决此类问题,有助于推动整个行业或各国的发展,反过来又为世界提供了更多可能性。过去 30 年间,我们通过基础设施连接了 30 亿人。在未来 5 年或 10 年里,我们将进一步消除数字鸿沟,让更多人受益,促进社会公平。"

"您能分享几个例子,说明华为已经弥合了这种'数字鸿沟'吗?"

"例子很多,也有我自己的亲身经历。"Amy 回答道,"例如,华为安装了莫斯科的第一批 2G 设备。莫斯科非常寒冷,当年甚至吓退了希特勒的军队。因此,我请任正非先生帮助说服研发部,让他们开发能支持零摄氏度以下工作条件的技术。

"俄罗斯境内有一片地区位于北极圈以北,人口只有 15 万,却能生产全世界 70% 的镍,对全球有色金属期货市场举足轻重。但那里条件太恶劣,没有公司愿意前去搭建网络。"

当 Amy 参加华为的设备启动仪式时,当地气候骤降至零下 57 摄氏度,她一踏出室外,耳机就被冻裂了。接着一场暴风雪袭来,掩埋了整座城市,她不得不坐上潜水艇撤离。"没有其他公司会尝试在这种环境下工作。"Amy 说。

Amy 还为在亚美尼亚共和国部分地区看到的糟糕自然条件感到沮丧。"但当地政府颇具远见卓识。"Amy 说,"那里的人热爱学习,

2019 年 7 月 31 日，潘维廉于深圳采访华为高级副总裁林睿琦。（朱庆福 摄）

希望改变自己的生活和国家。华为不仅为他们建造了 ICT 基础设施，还举办了多场慈善活动。当地最漂亮的建筑是学校，因为他们十分重视教育。我给当地学生赠送了华为笔记本电脑，让他们能用上新的电信服务。"

"我很钦佩华为把这些事情当作头等大事。"我说，"但华为如何将这股热情以及对全球的责任感和正义感灌输给员工，使员工不惧冻伤和高原反应，在艰苦的环境下工作呢？"

"在华为，我们都怀着同一个梦想：'打造开放、合作、共赢的多元生态系统，造福人类社会。'这将使所有人受益，当然也包括华为。华为专注的是未来。"Amy 说。

华为大胆设想，魄力非凡，致力于构建一个万物互联、造福人人的智能世界——RuralStar Pro 解决方案便是其中一个成果。RuralStar Pro 于 2017 年发布，是一个重 550 公斤的独立式基站，部署十分简便，推出后短短 4 年便在超过 50 个国家部署，为全球共 4000 多万农村居民提供了优质的语音和高速数据服务，包括人口总数仅仅 500 人的偏远村庄。尽管如此，全球仍有一半人口未连接到互联网，无法享受远程教育、远程医疗、在线理财等一系列数字服务——但华为正在努力覆盖到这些群体。

截至 2020 年底，华为已获得 10 万多项有效专利，雇有研发人员 10.5 万名，并将企业年收入的 15.9%（1420 亿人民币）用于研发。深圳华为园区的 30 多个实验室已经开放，迎来了世界各地的数千名参观者，其中不乏行业专家、政治人士、诺贝尔奖得主和客户。华为的研究涉猎范围极广，令人震惊。

然而，尽管华为提供了许多人道主义援助，但它此时正面临着无情的攻击。所以，在我访问华为的前一天，华为首次发布半年报，证明自己是一家 100% 由员工持有的非上市民营企业。"没有人要求我们发布半年报，"Amy 说，"但我们自己制作了一份，目的是加强公司的公开性和透明度，帮助我们的合作伙伴更好地了解华为。"

在美国的打击策略下，华为的销售收入确实有所减少，但仍比上一年增长了 23.2%，这令我十分惊讶。"华为是怎么做到这一点的？"我问道。"很多公司在这种情况下都会倒闭。"

"原因有很多。"Amy 回答道,"但最大的原因是我们有互利共赢的长期伙伴关系和建立在互信基础上的合作。只有这样的伙伴关系才能长久——无论是在商界、家庭还是生活中。华为的员工相互信任,对待合作伙伴也同样忠诚。

"30 年来,我们建立了以客户为中心的伙伴关系。这意味着我们要确保产品质量出色、技术含量高,价格合理,从而使产品具有持久的竞争力,助力客户取得商业上的成功。唯有这种方式,才能实现真正的共赢。

"这种经过数十年建立起来的信任,不会因为某一方向我们泼脏水、骂脏话就被轻易打破。一些合作伙伴害怕美国打击报复,暂时搁置了与我们的合作项目,观望未来风向。我们理解这种做法。但也有许多人站出来支持华为,因为我们曾帮助他们的国家和产业实现发展。

"我们十分谨慎,与客户共同成长,共同发展。我们追求利润,但有节有度,不会损害到客户利益。同时,我们也不会盲目地满足客户的要求,因为客户往往不了解自己的真正需求。我们会运用我们的全球经验,帮助客户认清自身的独特问题,不仅针对眼前的问题,提供快速解决方法,更着眼未来,提供长期解决方案。"

"怪不得华为能赢得那么多客户的信赖,但我还是不明白员工为什么会如此忠诚。"

"我们不相信外部力量能把华为打倒。能打倒华为的只有我们自己。以客户为中心的合作关系确保了客户和员工的忠诚度。员工专注于帮助客户制胜市场。客户的胜利就是华为的胜利,也是员工的胜利,因为华为属于每一位员工。

"我们的员工反馈和激励机制有物质层面的，也有精神层面的。我们的薪资报酬体系很有竞争力，此外还有 ESOP 和 TUP 等激励措施。这些并非华为所独有，但我们将其作用发挥到最大。全球已有 9 万多华为人参加到激励项目中，18 万华为员工都有可能成为公司合伙人。华为采用合伙人模式，赋予员工很多工作机会，让员工在挑战中成长。我们不断思考可持续的方式来鼓励在非洲的 4 万名华为员工，其中很多人是 90 后乃至 00 后。有些人在贫困地区工作，但他们满怀激情，干劲十足。

"我们不断向同行学习，并灵活调整策略。为此，我们成立了国际咨询委员会和战略咨询委员会，由华为内部和外部的行业顶级专家组成。"

华为面临着严峻的挑战，但 Amy 对华为的未来满怀信心。"当下唯一可以确定的东西就是不确定性，我们将以不变应万变。归根结底，我们必须做好自己。短期内，我们的发展可能会受到影响，但从长远来看，我们将长盛不衰。"她说。

Amy 对华为的热爱和独到的见解给我留下了深刻印象。之后，我采访了外派阿根廷 4 年的华为年轻员工 Lucy，对华为如何赢得员工的热爱与忠诚有了更深的了解。

20

Lucy
华为的年轻力量

听完华为高级副总裁林睿琦分享了她在华为工作 22 年的故事,我越发想了解那些在世界各地执行公司愿景的人。在会议室里指点江山是一回事,让员工对工作满怀激情、对公司保持忠诚又是另一回事,华为究竟是如何做到的呢?在采访 Lucy(应本人要求使用化名)的过程中,我终于找到了答案。

"我大学一毕业就来了华为,没有在其他公司工作的经验,我非常感谢华为愿意给年轻人这样的机会。"

出人意料的是,2005 年,Lucy 上大学四年级时,并没有参加华为的招聘会。一家财富 500 强中国企业在她还没有拿到西班牙语和西方经济学双专业证书之前,就和她签了合同,这让她的家人十分高兴,因为这是一家国企,福利待遇都很好,而她高兴的原因则是终于有机会外派到海外工作,充分发挥自己的语言能力。但是她还没高兴多久,

Lucy——华为的年轻力量

就得知需要先接受几年培训,才能外派到委内瑞拉。"坦白说,我认为这家公司只是想确保我能融入他们的文化。"

与此同时,她班上的同学几乎都参加了华为的招聘会,有朋友告诉她,华为的招聘人员详细介绍了公司的文化和办事流程,并花了很多时间来了解每一位候选人。但最后,一位候选人都没有被录用!

听到这些后,Lucy 被华为一丝不苟的态度和极高的人才选拔标准所吸引,报名参加了华为的面试。令她高兴的是,华为提出立即为她提供培训,并承诺在她签证办好后立即将她外派到阿根廷。

"作为外语专业的学生,"Lucy 说,"我渴望出国,渴望体验外面的世界,不管这对我的职业生涯有没有帮助。之前的那家国企希望我先在国内待一段时间,但华为不一样,他们希望我尽快出国!我先是在阿根廷待了 4 年,之后调到北京,最后来到深圳园区。"

Lucy 对华为最深刻的印象是它的年轻化。"那时阿根廷的员工只有我们十几个人,(现在大约有 1200 人了),而且大多数人都很年轻——包括当时驻阿根廷的 CEO,才 30 来岁。华为愿意给予我们这样一群初出茅庐的年轻人信任和机会,让我十分惊讶。"

"那么你们这群没有经验的年轻人做得怎么样?"我问她。

Lucy 耸了耸肩,"嗯,我后来才知道,华为为我们的错误付出了巨大代价。我们当时很年轻,经验不足,有时还会冲动行事。而且年轻人争强好胜,容易犯下代价高昂的错误。"

"对于犯下这类错误的年轻人,华为会怎么做?"

"实际上,华为并没有严肃惩罚或者批评这些员工或他们所在的海外办事处。"Lucy 回答道,"这是因为给年轻人机会是华为文化的一部分。我认为，很少有公司能做到像华为这样。华为以极高的人才选拔标准把最具才华的年轻人招揽进来，然后给年轻人充分的学习和成长机会，并愿意为他们在学习过程中犯下的错误买单，这让我很是震惊，也慢慢了解到进入华为的我确实享受到了远多于同龄人的机会。而且华为对我表现出信任，让我感到自豪。"

但一个在中国长大的年轻人要到南美生活，必然面临诸多挑战。"阿根廷听起来是一个浪漫或充满异国情调的地方，但现实让人幻灭，除了布宜诺斯艾利斯，其他地方还比不上中国的农村！大多数华为人像我一样，十分年轻，精力充沛，十分专注自己的工作。我们每个工作日一起工作，周末一起做饭、看电影——就像在大学时一样。

"做项目的时候，我们集思广益，畅所欲言，聊到筋疲力尽了就躺在会议室的桌椅上，小睡几个小时再接着工作。实际上，工作任务十分艰巨，压力也相当大，但我们意志坚定，因为我们是在帮助阿根廷，尤其是阿根廷的偏远地区。"

"阿根廷拥有4500万人口，足足三分之一集中在布宜诺斯艾利斯。"Lucy解释说，"他们的经济主要依赖出口初级农产品，而且大部分土地是无人居住的牧场。巴西愿意在人口稠密地区投入大量资源建设电信设施，但阿根廷却无法证明在地广人稀的地区值得进行大量投资，所以迟迟未有行动。华为不愿意看到这个国家三分之二的人口无法接入网络，于是我们努力设计了一个独特的解决方案，涵盖技术、人员、网络部署等方面。

"当地的道路十分糟糕，我们得开几个小时的车才能到达施工现场。一天的工作下来，我们疲惫不堪，但是没有地方睡觉，只能睡在车里或地上。为了完成项目,大家都吃了很多苦,但我们想到自己是在为华为工作,是在为全球 180 多个国家和地区的三分之一人口提供服务,心里就满是自豪。阿根廷政府非常感激华为,因为除了华为,再没有别家公司愿意承接这样的项目。"

"为什么您认为其他公司连尝试都不愿意?"我问道。

"实际上,他们都有理由不那么做。"Lucy 回答道,"虽说许多国家和企业没有解决这类问题的义务,但有些公司不肯这么做只是因为没有这方面的预算,或者因为股东不允许他们把钱花在这样一个回报很少并且无法立即获得回报的项目上。他们必须事事以利润为重。当然,华为也必须考虑利润问题,但我们的情况大不相同。我们有 ESOP 计划,没有外部股东,不需要对外部资本做出承诺,不需要考虑让股东获利,也不需要在年报上做手脚,让数据看起来漂亮。因此,我们享有更大的自由度,能够关注企业的社会责任,这点已根植于我们的企业文化中。我们驻各个国家的 CEO 也享有很大的自主权,如果我们看到需要做的事,可以在上报 CEO 后马上行动,没有复杂的机制来约束我们,规定我们必须达到多少产出投入比。只要我们觉得应该做的事,几乎都可以去做。"

Lucy 讲述着华为对世界的贡献,兴奋和自豪之情溢于言表。"华为是中国的企业,"她说,"但也确实是一家全球性企业。中国人过去认为进口技术比国产的好——这在过去通常是对的。但华为在研发方面投入了大量资金,让我们从行业追赶者变成行业领跑者。现在,许多欧洲朋友和客户告诉我,'华为的手机真的很好,而且比 iPhone 更好用。'我也这么认为——这就是过去 5 年里我只买华为手机的原因。

华为本身并不关心员工使用什么牌子的手机，也不给我们提供购机折扣。任正非先生在一次访谈中说，他自己的女儿也使用 iPhone。但我很自豪，现在华为的手机是世界上最好的手机。"

"我很钦佩你们愿意到阿根廷人口稀少的地方去，为他们提供服务。那么华为为中国的偏远地区做了什么？"

"华为登上西藏 6000 多米高的高峰，搭建基站。"Lucy 回答道。

"这真是令人难以置信！"我说。"1994 年我开车穿越海拔 5200 多米的唐古拉山口进入西藏时，真真切切地感受到何谓'死亡地带'。我无法想象如何在 6000 米高的地方作业！"

"的确十分困难。"Lucy 承认，"中国政府提供资助，但华为是唯一一家既拥有技术、又决心为人口稀少的偏远地区提供服务的公司。而且除了华为人，可能没有其他人愿意在如此恶劣的条件下，背着沉甸甸的设备上山。也正因为有华为人的付出，现在西藏偏远村落的居民才能使用微信进行视频通话，或者在淘宝上买卖东西。"

"中国变化很大。"我说，"在 20 世纪 90 年代，我付了 450 美元，等了 3 年才装上我的第一部电话，现在连藏族人都用上电话和互联网了。"

Lucy 笑着说，"我们家安装第一部电话时，我正在上小学 6 年级。我们只等了 3 个月，但花了五六百块——是我母亲一年的工资。但是华为加速了技术变革，降低了中国和其他国家的通信费用，也促使一些西方竞争对手降低产品价格并提高服务质量。之后，华为又大力推动从 3G 到 4G 和 5G 的快速发展。"

"华为如何让像您这样的员工，心甘情愿地在如此困难的条件下

Lucy——华为的年轻力量

努力工作呢？"我问道。

"华为的薪酬待遇非常好。"Lucy 回答道，"根据领英的数据，算是业内数一数二的。华为相信，减少我们的生活压力，可以让我们更好地专注于工作。此外，很多员工持有公司股份，业绩与收入挂钩。其实说起来很简单，如果公司业绩好，我们的收入就高。如果公司遇到麻烦，我们也会有损失。这是一个很好的机制，因为在这个机制下，人人都朝着简单而一致的目标迈进。"

"那么华为的客户战略呢？"我问道。"高级副总裁林睿琦之前提到了客户对华为的忠诚度。"

"华为的文化一直是以客户为中心，"Lucy 回答道，"满足客户需求是华为的第一要务，这有助于推动整个行业的发展。有的公司在解决客户问题方面特别不及时，但有华为与他们竞争，他们不得不改进。"

Lucy 与我分享了华为如何向美国学习先进的管理经验，甚至一度高薪聘请了 200 到 300 名 IBM 顾问。"我们有许多管理理念是从美国学来的。在近来的混乱局面出现前，任先生十分欣赏美国企业的管理方法，还把 IBM 的管理方法里里外外吃透了。他告诉我们，要么适应新的程序和方法，要么离开公司。我想没多少公司有这样的魄力与决心。"

与竞争对手相比，华为的另一大优势是研发涉猎范围极其广泛。"其他公司的研发局限于应用层面，"Lucy 说，"但华为专注于解决基本问题。我们在预研，以及数学、材料科学、手机成像等基本研究方面投入了大量资源。三星公司出现过电池爆炸的问题，这是因为他们想要延长电池寿命，却又一味求简，只是重新排列组件，最后由于组件过于密集引发电池爆炸。华为绝不会以这种方式处理问题。我们专注于材料本身。如果我们想延长电池寿命，我们会改进电池本身，这种方式更有效，也更安全。

"华为也犯过错误！几年前推出的 D2 手机各方面性能都不错，但是容易发热。我们开玩笑说，都可以拿它来做热敷，治疗背痛，或者热婴儿奶粉了。华为很快就把这款手机淘汰了。"

"华为亦十分重视长远目标。"Lucy 说，"华为更为负责，因为我们不强调短期利益和短期利润，虽然我们也有实现盈利的巨大压力，但我们不会以牺牲长远发展为代价。例如，PHS 技术的短期盈利能力很强，但缺乏长期发展前景，所以华为没有投资这项技术，而是把所有资源放到 3G 上。当时，3G 的应用尚未落地，我们投了钱进去，却没有回报，但我们坚持了下来。最终，这项技术为华为和整个行业带来了丰厚回报。"

我与 Lucy 的谈话接近尾声，我惊讶于她对华为的感受与高级副总裁林睿琦如此相似——尽管她们来自不同背景，在公司承担不同职位。从她们身上我看到了显而易见的一点：华为确实能让员工和客户保持忠诚——这也是华为独特的企业文化所致。

"华为发展到今日，企业文化已与创始人兼现任 CEO 任正非先生的理念密不可分。"Lucy 说，"但他很少关注公司的日常运营问题，他把这些问题交给运营 CEO 和决策委员会负责。虽然公司的文化仍受任先生的影响，但他是一个胸襟开阔的人，喜欢下放权力，给员工成长空间。"

图书在版编目（CIP）数据

中国八万里：老潘走神州 /（美）潘维廉著；曾小英，陈聪译.
-- 北京：外文出版社，2022.9
（老潘看中国）
ISBN 978-7-119-13179-5

Ⅰ . ①中⋯ Ⅱ . ①潘⋯ ②曾⋯ ③陈⋯ Ⅲ . ①社会生活 – 社会变迁 – 中国 – 现代 Ⅳ . ① D693.93

中国版本图书馆 CIP 数据核字 (2022) 第 207340 号

出版指导：陆彩荣
出版统筹：胡开敏　杨春燕
责任编辑：焦雅楠　于晓欧
封面摄影：朱庆福
背景图片：视觉中国
装帧设计：北京正视文化艺术有限责任公司
印刷监制：秦　蒙

中国八万里：老潘走神州

[美] 潘维廉（William N. Brown）著
曾小英　陈聪 译

©2022 外文出版社有限责任公司
出 版 人：胡开敏
出版发行：外文出版社有限责任公司
地　址：中国北京西城区百万庄大街 24 号　　邮政编码：100037
网　址：http://www.flp.com.cn　　电子邮箱：flp@cipg.org.cn
电　话：008610-68320579（总编室）　　008610-68996183（投稿电话）
　　　　008610-68996057（编辑部）　　008610-68995852（发行部）
印　刷：鸿博昊天科技有限公司　　开本：710mm×1000mm 1/16
字数：135 千字　　印张：11.75　　装别：平装
版次：2022 年 11 月第 1 版第 1 次印刷
书号：ISBN 978-7-119-13179-5
定价：65.00 元

版权所有　侵权必究　　如有印装问题本社负责调换（电话：010-68329904）